上海市工程建设规范

市域铁路结构安全保护技术标准

Technical standard for structure safety protection of suburban railway

DG/TJ 08—2397—2022
J 16199—2022

主编单位：上海申铁投资有限公司
　　　　　同济大学
批准部门：上海市住房和城乡建设管理委员会
施行日期：2022年6月1日

同济大学出版社

2023　上海

图书在版编目(CIP)数据

市域铁路结构安全保护技术标准/上海申铁投资有限公司,同济大学主编. —上海:同济大学出版社,2023.3
 ISBN 978-7-5765-0253-4

Ⅰ.①市… Ⅱ.①上…②同… Ⅲ.①轨道交通-交通运输安全-安全技术-技术标准-中国 Ⅳ.①U298-65

中国国家版本馆CIP数据核字(2023)第039772号

市域铁路结构安全保护技术标准

上海申铁投资有限公司 主编
同济大学

责任编辑 朱 勇
责任校对 徐春莲
封面设计 陈益平

出版发行	同济大学出版社　　www.tongjipress.com.cn
	(地址:上海市四平路1239号 邮编:200092 电话:021-65985622)
经　　销	全国各地新华书店
印　　刷	浦江求真印务有限公司
开　　本	889mm×1194mm　1/32
印　　张	3
字　　数	81 000
版　　次	2023年3月第1版
印　　次	2023年3月第1次印刷
书　　号	ISBN 978-7-5765-0253-4
定　　价	30.00元

本书若有印装质量问题,请向本社发行部调换　　版权所有　侵权必究

上海市住房和城乡建设管理委员会文件

沪建标定〔2022〕51号

上海市住房和城乡建设管理委员会
关于批准《市域铁路结构安全保护技术标准》为
上海市工程建设规范的通知

各有关单位：

由上海申铁投资有限公司和同济大学主编的《市域铁路结构安全保护技术标准》，经我委审核，现批准为上海市工程建设规范，统一编号为 DG/TJ 08—2397—2022，自 2022 年 6 月 1 日起实施。

本标准由上海市住房和城乡建设管理委员会负责管理，上海申铁投资有限公司负责解释。

上海市住房和城乡建设管理委员会
2022 年 1 月 17 日

前 言

根据上海市住房和城乡建设管理委员会《关于印发〈2020年上海市工程建设规范、建筑标准设计编制计划〉的通知》(沪建标定〔2019〕752号)要求,上海申铁投资有限公司、同济大学会同各参编单位,广泛调查和分析了近年来我国城市轨道交通和铁路安全保护现行标准,结合市域铁路的结构特点,经多次反复论证研究,制定本标准。

本标准的主要内容有:总则;术语和符号;基本规定;外部基坑工程;外部隧道工程;外部其他工程;安全评估;监测。

各单位及相关人员在执行本标准过程中,如有意见和建议,请反馈至上海市交通委员会(地址:上海市世博村路300号;邮编:200125;E-mail:shjtbiaozhun@126.com),上海申铁投资有限公司(地址:上海市北京西路275号;邮编:200031;E-mail:pingguqingcai@163.com),上海市建筑建材业市场管理总站(地址:上海市小木桥路683号;邮编:200032;shgcbz@163.com),以供今后修订时参考。

主 编 单 位:上海申铁投资有限公司
　　　　　　同济大学
参 编 单 位:中铁上海设计院集团有限公司
　　　　　　上海勘察设计研究院(集团)有限公司
　　　　　　上海市城市建设设计研究总院(集团)有限公司
　　　　　　上海市政工程设计研究总院(集团)有限公司
　　　　　　上海市隧道工程轨道交通设计研究院
　　　　　　上海市基础工程集团有限公司

主要起草人：胡光祥　周顺华　魏建华　王炳龙　陈怀智
　　　　　　王月辉　姜　弘　高　武　曹伟飚　李耀良
　　　　　　苏　辉　张银屏　李海鹰　包鹤立　潘湘文
　　　　　　付龙龙　徐司慧　齐　林　张　斌　王钱荣
　　　　　　孔令荣　宋福贵　王冰珊　刘建国　杨　俐
主要审查人：王秀志　李家平　顾建新　陈　晖　向　科
　　　　　　龙莉波　徐金明

上海市建筑建材业市场管理总站

目 次

1 总 则 …………………………………………………………… 1
2 术语和符号 …………………………………………………… 2
　2.1 术 语 …………………………………………………… 2
　2.2 符 号 …………………………………………………… 4
3 基本规定 ……………………………………………………… 5
　3.1 一般规定 ………………………………………………… 5
　3.2 安全控制 ………………………………………………… 6
　3.3 安全保护 ………………………………………………… 8
4 外部基坑工程 ………………………………………………… 10
　4.1 一般规定 ………………………………………………… 10
　4.2 旁侧基坑 ………………………………………………… 11
　4.3 上方基坑 ………………………………………………… 12
　4.4 地下水作业 ……………………………………………… 13
5 外部隧道工程 ………………………………………………… 15
　5.1 一般规定 ………………………………………………… 15
　5.2 穿越隧道 ………………………………………………… 16
　5.3 并行隧道 ………………………………………………… 16
6 外部其他工程 ………………………………………………… 18
　6.1 浅基础与桩基础 ………………………………………… 18
　6.2 道路与地下管线 ………………………………………… 20
　6.3 上跨桥梁工程 …………………………………………… 21
　6.4 其他作业 ………………………………………………… 23
7 安全评估 ……………………………………………………… 25
　7.1 一般规定 ………………………………………………… 25

7.2　技术要求 ……………………………………………… 26
8　监　测 …………………………………………………………… 27
　　8.1　一般规定 ……………………………………………… 27
　　8.2　监测项目 ……………………………………………… 27
　　8.3　监测频率 ……………………………………………… 29
　　8.4　监测预警 ……………………………………………… 29
附录A　外部基坑工程的市域铁路结构安全保护等级 ……… 31
附录B　外部隧道工程的市域铁路结构安全保护等级 ……… 34
附录C　外部浅基础作业的市域铁路结构安全保护等级
　　　　 …………………………………………………………… 37
附录D　外部桩基础作业的市域铁路结构安全保护等级
　　　　 …………………………………………………………… 38
附录E　外部基坑工程的设计施工参数 ……………………… 39
附录F　隧道上方卸荷比计算 ………………………………… 41
附录G　安全评估内容及技术要求 …………………………… 42
本标准用词说明 …………………………………………………… 44
引用标准名录 ……………………………………………………… 45
条文说明 …………………………………………………………… 47

Contents

1 General provisions ································· 1
2 Terms and symbols ································· 2
   2.1 Terms ·· 2
   2.2 Symbols ······································ 4
3 Basic requirements ································· 5
   3.1 General requirements ·························· 5
   3.2 Safety control ································ 6
   3.3 Safety protection ······························ 8
4 Exterior foundation pit engineering ··················· 10
   4.1 General requirements ·························· 10
   4.2 Lateral foundation pit ·························· 11
   4.3 Upper foundation pit ·························· 12
   4.4 Groundwater operation ························ 13
5 Exterior tunnel engineering ························· 15
   5.1 General requirements ·························· 15
   5.2 Cross tunnel ·································· 16
   5.3 Parallel tunnel ································ 16
6 Other exterior engineering ·························· 18
   6.1 Shallow foundation and pile foundation ············ 18
   6.2 Road and underground pipeline ················ 20
   6.3 Flyover bridge engineering ······················ 21
   6.4 Other operations ······························ 23
7 Safety assessment ·································· 25
   7.1 General requirements ·························· 25

7.2	Technical requirements	26
8	Monitoring	27
8.1	General requirements	27
8.2	Monitoring items	27
8.3	Monitoring frequency	29
8.4	Early warning of monitoring	29
Appendix A	Safety protection class of suburban railway structures—related to exterior foundation pit engineering	31
Appendix B	Safety protection class of suburban railway structures—related to exterior tunnel engineering	34
Appendix C	Safety protection class of suburban railway structures—related to exterior shallow foundation	37
Appendix D	Safety protection class of suburban railway structures—related to exterior pile foundation	38
Appendix E	Design and construction parameters for exterior foundation pit engineering	39
Appendix F	The computation of unloading ratio above tunnel	41
Appendix G	Technical requirements for safety assessment	42
Explanation of wording in this standard		44
List of quoted standards		45
Explanation of provisions		47

1 总 则

1.0.1 为规范市域铁路控制保护区内的外部作业,保障市域铁路结构安全和运营安全,制定本标准。

1.0.2 本标准适用于本市已运营或结构已完成但未投入运营的市域铁路结构安全保护。

1.0.3 在市域铁路控制保护区进行外部作业时,应综合考虑工程地质与水文地质条件、市域铁路结构类型和安全状况、外部作业特点、周边环境和工程经验等因素,制定安全可靠的作业方案和保护措施,严格进行过程控制和监测。

1.0.4 市域铁路控制保护区内的外部作业,除应符合本标准外,尚应符合国家、行业和本市现行有关标准的规定。

2 术语和符号

2.1 术 语

2.1.1 市域铁路 suburban railway

为都市圈中心城市城区联接周边城镇组团及其城镇组团之间提供公交化、大运量、快速便捷的轨道交通系统,是城市综合交通体系的重要组成部分。

2.1.2 控制保护区 control and protection area

为保护市域铁路结构的正常使用和安全,在市域铁路结构及周边的特定范围内设置的控制和保护区域。

2.1.3 外部作业 exterior operation

在市域铁路周边进行的可能对市域铁路结构产生影响的作业。

2.1.4 市域铁路结构安全保护等级 safety protection class of suburban railway structure

对外部作业提出的市域铁路结构安全保护要求的分级。

2.1.5 结构安全控制指标 control indicator for structure safety

根据市域铁路结构的安全现状及其保护要求,针对外部作业时结构的响应特征,为安全保护结构而选用的控制指标。

2.1.6 净距控制管理值 management value for net distance control

根据外部作业和市域铁路结构的特点,为保护结构安全,规定外部作业与市域铁路结构外边线之间的最小净距离。

2.1.7 外部基坑工程 exterior foundation pit engineering

在市域铁路控制保护区内实施的基坑工程,分为旁侧基坑和上方基坑。

2.1.8 旁侧基坑 lateral foundation pit
市域铁路结构外侧且在控制保护区内实施的外部基坑工程。

2.1.9 上方基坑 upper foundation pit
在市域铁路地下结构上方实施的外部基坑工程。

2.1.10 外部隧道工程 exterior tunnel engineering
在市域铁路控制保护区内实施的隧道工程（包括盾构法或顶管法隧道等），分为穿越隧道和并行隧道。

2.1.11 穿越隧道 cross tunnel
与市域铁路线路交叉的外部隧道工程。

2.1.12 并行隧道 parallel tunnel
在市域铁路控制保护区内，与市域铁路线路平行或基本平行的外部隧道工程。

2.1.13 卸荷比 unloading ratio
隧道上方主要覆土区的基坑最大断面面积与隧道上方主要覆土区的断面面积之比。

2.1.14 地层损失率 volume loss ratio
单位长度地表沉降槽体积占隧道单位长度开挖体积的百分比。

2.1.15 地下水作业 groundwater operation
影响市域铁路结构周边水位变化的外部作业，包括地下工程中的排水、降水、回灌水作业等。

2.1.16 上跨桥梁工程 flyover bridge engineering
在市域铁路地面或高架结构上方跨越的外部桥梁工程。

2.1.17 监测预警等级 early-warning class of monitoring
根据监测值与市域铁路相应的结构安全控制指标值的比值，对市域铁路结构实行监测预警管理的分级。

2.2 符 号

D——市域铁路盾构法隧道结构的外径或宽度(m);
D_e——外部施工隧道的直径或宽度(m);
d_p——外部作业的桩基直径(m);
H——明挖或盖挖法市域铁路地下结构的基坑开挖深度(m);
h——外部基坑开挖深度(m);
h_1——市域铁路地下结构顶部埋深(m);
h_2——外部隧道底部埋深(m);
h_3——浅基础埋深(m);
h_4——外部桩基桩顶埋深(m);
L_{cd}——车站结构相邻柱基的中心距离(mm);
L_p——市域铁路地面或高架结构桩基桩长(m);
L_{ed}——旁侧基坑支护结构外边线与市域铁路地下结构、地面或高架结构桩基的最小净距离(m);
L_{td}——外部隧道结构外边线与市域铁路地下结构,地面或高架结构桩基础间的最小净距离(m);
L_{sd}——浅基础外边线与市域铁路盾构法隧道结构的水平净距(m);
L_{pd}——桩基础承台外边线与市域铁路盾构法隧道结构的水平净距(m);
L_1——与铁路设施平行方向的基坑边长(m);
L_2——与铁路设施垂直方向的基坑边长(m);
q——作用效应标准组合时,上部结构在其水平面投影面积的平均压力值(kPa);
p_0——荷载效应准永久组合下承台底的平均附加压力(kPa);
S——隧道上方主要覆土区的断面面积(m²);
S_1——隧道上方主要覆土区的基坑最大断面面积(m²);
ν_1——隧道上方卸荷比。

3 基本规定

3.1 一般规定

3.1.1 需要保护的市域铁路结构应包括下列内容：
    1 车站主体结构和区间结构。
    2 车站附属结构，包括出入口、风亭及冷却塔等。
    3 其他构筑物，包括出入段线（场）、车辆段（停车场）、控制中心、主变电所、外线高压电缆管沟及专用光电缆通道等。

3.1.2 外部作业不得影响市域铁路运营安全和结构的正常使用功能、承载能力、耐久性和其他特殊功能，在市域铁路结构控制保护区进行外部作业时，应制定安全可靠的作业方案和保护措施。

3.1.3 市域铁路控制保护区的设置范围应综合考虑工程地质与水文地质条件、市域铁路结构安全状况、外部作业影响程度等因素，并符合下列规定：
    1 铁路线路位于地下的，从地下车站、隧道外边线外侧起向外的 50 m 内。
    2 地面、高架车站主体结构和区间结构外边线外侧 30 m 内。
    3 其他结构外边线外侧 10 m 内。
    4 当市域铁路控制保护区遇特殊的工程地质与水文地质条件或特殊的外部作业时，应适当扩大控制保护区范围。

3.1.4 在市域铁路结构及紧邻结构一定范围内，除城市重要基础设施项目、与市域铁路密切相关的项目外，下列范围内不应进行其他外部作业：
    1 地下车站主体结构与区间结构外边线外侧 5 m 内。
    2 其余结构外边线外侧 3 m 内。

3.1.5 外部作业前应掌握市域铁路结构安全状况和保护要求,并应搜集下列资料:

  1 工程地质与水文地质资料。

  2 需要保护的市域铁路结构资料。

  3 外部作业和市域铁路结构的周边环境资料,包括邻近建(构)筑物、高空管线、地下管线和其他工程建设活动等。

3.1.6 当市域铁路线网中相交、并行、邻近的市域铁路工程分期建设时,先期建设工程应充分考虑其对后建工程的影响,后建工程对已建结构的安全保护应按本标准的相关规定执行。

3.1.7 结构安全控制指标应结合市域铁路结构类型、结构安全状态及安全保护要求选用。

3.2 安全控制

3.2.1 外部作业实施前,应确定市域铁路结构安全保护等级,安全保护等级分为一级、二级、三级和四级。外部基坑工程、隧道工程、浅基础和桩基作业时,安全保护等级应根据市域铁路结构类型、外部作业特点以及与市域铁路结构的距离等按本标准附录A～附录D确定。当其他外部作业不能按附录A～附录D确定市域铁路结构安全保护等级时,应结合市域铁路结构类型、外部工程的类型和规模、外部工程与市域铁路结构的距离等综合确定市域铁路结构安全保护等级。

3.2.2 市域铁路结构安全保护等级的确定除应满足本标准第3.2.1条要求外,尚应符合下列规定:

  1 当市域铁路结构已发生较大变形或病害时,市域铁路结构安全保护等级应为一级。

  2 当市域铁路结构处于复杂的工程地质和水文地质条件时,其安全保护等级应结合工程经验综合确定,不宜低于二级。

3.2.3 外部作业净距控制管理值宜符合表3.2.3的规定。

表 3.2.3 外部作业净距控制管理值(m)

外部作业\市域铁路结构类型	地下结构		地面结构	高架结构
	盾构法	其他		
工程桩*（非挤土桩）	≥4.0	≥3.0	≥3.0	≥3.0
围护桩(墙)*	≥7.0	≥5.0	≥5.0	≥5.0
土体加固 深层搅拌桩	≥6.0	≥5.0	≥5.0	≥5.0
土体加固 高压旋喷桩	≥20.0	≥15.0	≥10.0	≥15.0
上方基坑△	≥4.0	—	—	—
穿越隧道△	≥2.0			
钻探孔、监测孔*	≥3.0		≥3.0	≥3.0
起重、吊装设备	—	—	≥6.0	≥6.0
搭建棚架及宣传标志	—	—	≥6.0	≥6.0
存放易燃物料	—	—	≥6.0	≥6.0

注：1 *指外部作业与市域铁路结构外边线之间的水平投影净距。地面结构为路基时，指外部作业与路基坡脚的水平投影净距；高架结构时，指外部作业与承台外边线的水平投影净距。
2 △指外部作业与市域铁路结构外边线之间的竖向净距。
3 在控制保护区范围内不得采用挤土桩。
4 当高压旋喷桩施工有保护措施时或采用微扰动工艺时，其与市域铁路结构净距可评估后确定。
5 当市域铁路地下结构采用顶管法等建成时，按盾构法要求控制。

3.2.4 石油、天然气等易燃易爆物的设施净距控制管理值应符合本标准第 3.2.3 条和现行国家标准《石油天然气工程设计防火规范》GB 50183 的有关规定。

3.2.5 已运营的市域铁路，其轨道静态几何尺寸容许偏差管理值应始终处于保养合格限值内。

3.2.6 市域铁路结构安全控制指标值应综合既有结构类型、运营安全要求、外部作业特点及既有结构健康现状等因素确定，且应符合本标准表 3.2.6-1～表 3.2.6-4 的规定。如既有结构已发生较大变形或病害，则应根据评估结论及市域铁路建设、运营单位要求取值。

表 3.2.6-1 路基结构安全控制指标值

轨道类型	有砟轨道			无砟轨道		
安全控制指标	一般地段沉降	过渡段沉降	水平位移	一般地段沉降	过渡段交界处差异沉降	水平位移
控制值	≤15 mm	≤10 mm	≤8 mm	≤6 mm	≤3 mm	≤5 mm

注:地基采用桩基加固的路基,除满足上述变形指标外,还应满足桩基结构内力要求。

表 3.2.6-2 桥梁结构安全控制指标值

轨道类型	有砟轨道			无砟轨道		
安全控制指标	墩台均匀沉降	相邻墩台沉降差	水平位移	墩台均匀沉降	相邻墩台沉降差	水平位移
控制值	≤15 mm	≤10 mm	≤8 mm	≤8 mm	≤5 mm	≤6 mm

注:非静定桥梁结构,除满足上述变形指标外,还应满足桥梁结构内力要求。

表 3.2.6-3 隧道结构安全控制指标值

安全控制指标	控制值	安全控制指标	控制值
竖向位移	≤15 mm	变形相对曲率	≤1/2 500
水平位移	≤15 mm	管片接缝张开量	≤2 mm
径向收敛	≤15 mm	外壁附加荷载	≤20 kPa
车站与区间交界处差异沉降	≤10 mm	裂缝宽度	≤0.2 mm
变形曲率半径	>15 000 m	振动速度	≤2.5 cm/s

表 3.2.6-4 车站结构安全控制指标值

安全控制指标	控制值	安全控制指标	控制值
竖向位移	≤15 mm	车站与附属结构交界处差异沉降	≤10 mm
水平位移	≤15 mm	相邻柱基沉降差	≤0.001L_{cd}

注:L_{cd} 为车站结构相邻柱基的中心距离(mm)。

3.3 安全保护

3.3.1 外部工程勘察及施工作业应满足市域铁路结构的安全控

制标准。

3.3.2 当市域铁路结构安全保护等级为一级、二级时,应根据市域铁路结构的安全评估成果制定相应的应急预案。

3.3.3 地下水作业不得影响市域铁路结构的安全和正常运营。

3.3.4 市域铁路结构的监测应能准确及时反映结构的实际状态及外部作业对结构变形的动态影响。

3.3.5 外部作业应保障作业安全,避免发生险情。当出现险情时,应及时发出预警,采取应急预案,并应优先确保既有市域铁路结构的安全。

3.3.6 在市域铁路控制保护区内进行加载或卸载作业时,应验算加载或卸载作业对结构的安全影响,并应满足相应的结构安全控制指标值。

3.3.7 外部作业应防止火灾、积水、车辆,或其他物体坠入、碰撞等危及市域铁路结构安全和运营安全的事件发生。

4 外部基坑工程

4.1 一般规定

4.1.1 外部基坑工程设计与施工应综合考虑基坑支护结构施工、土体加固、降水、土方开挖、支撑拆除、回填等外部作业对市域铁路结构的不利影响；实施前应编制针对市域铁路结构保护的专项设计方案和施工方案。

4.1.2 外部基坑工程同时具有旁侧基坑和上方基坑的属性时，宜将整体基坑分为旁侧基坑和上方基坑，且应通过分坑措施控制单体基坑的平面尺寸。基坑设计与施工时应综合考虑各单体基坑的叠加影响，并明确各单体基坑的施工时间及工况次序。

4.1.3 基坑外部作业对市域铁路结构的安全保护等级应根据市域铁路结构形式、基坑开挖深度、基坑与市域铁路结构的距离按本标准附录 A 确定。基坑的不同部位宜采用不同的市域铁路结构安全保护等级，相邻部位的等级级差不应超过 1 级，并应有可靠的延伸过渡。

4.1.4 市域铁路结构安全保护等级为一级、二级时，基坑设计应选择整体稳定性好、结构刚度较大、施工扰动小的支护体系，并应提出分阶段的变形控制要求和措施。

4.1.5 市域铁路结构侧的外部地下结构防水等级宜按一级防水等级设计和施工。

4.1.6 市域铁路结构周边进行基坑围护结构、截水帷幕和土体加固等施工，应遵循环境影响最小的原则，正式施工前，应通过试成桩(墙)确定施工机械、施工工艺及施工参数，合理选择各种工艺的施工次序，严格控制施工参数。

4.1.7 基坑土方开挖及地下结构施工应符合下列规定：

1 土方开挖应遵循分层、分段、分块、对称、平衡、限时的原则，减少暴露时间。

2 应严格控制施工分段交界处的土体高度和坡度。

3 市域铁路结构安全保护等级为一级、二级时，邻近市域铁路结构侧的主体结构基础混凝土应延伸至围护结构，混凝土支撑拆除应采用静力切割措施，围护结构与地下室外墙之间的空隙宜采用素混凝土回填密实。

4 市域铁路结构安全保护等级为三级时，围护结构与地下室外墙之间的空隙宜采用水泥土或中粗砂回填密实，不得采用杂填土、建筑垃圾等性质较差或不稳定的材料。

5 基础底板和楼板的后浇带、分隔墙（桩）处应设置可靠的传力措施。

4.2 旁侧基坑

4.2.1 邻近市域铁路结构的旁侧基坑退离市域铁路结构外边线时，不宜小于1倍基坑开挖深度。邻近市域铁路结构的旁侧单体基坑平面尺寸可根据本标准表 E.0.1 确定。

4.2.2 市域铁路结构安全保护等级为一级时，旁侧基坑工程设计应符合下列规定：

1 依据现行上海市工程建设规范《基坑工程技术标准》DG/TJ 08—61，基坑工程的环境保护等级应为一级。

2 作用于围护结构的侧向土压力宜采用静止土压力。

3 基坑开挖深度超过 12 m 时，围护结构应采用地下连续墙，并在平面上封闭设置，市域铁路结构侧宜采取槽壁加固措施。

4 临市域铁路侧坑内应进行裙边加固，且加固体应采用实体形式。

5 基坑支撑布置应与市域铁路结构垂直方向对撑为主。旁侧基坑采用钢支撑时，应设置伺服轴力自动补偿系统。

4.2.3 市域铁路结构安全保护等级为二级时，旁侧基坑支护设计应符合下列规定：

1 依据现行上海市工程建设规范《基坑工程技术标准》DG/TJ 08—61，基坑工程的环境保护等级宜为一级。

2 作用于围护结构的侧向土压力宜采用静止土压力。

3 基坑开挖深度超过 12 m 时，围护结构宜采用地下连续墙。

4 临市域铁路侧坑内应进行裙边加固。

5 基坑支撑布置宜与市域铁路结构垂直方向对撑为主。旁侧基坑采用钢支撑时，宜设置伺服轴力自动补偿系统。

4.2.4 旁侧基坑及地下结构施工宜符合本标准表 E.0.2 的规定。

4.3 上方基坑

4.3.1 盾构法施工的市域铁路隧道结构上方基坑的分坑措施应符合下列规定：

1 分坑后形成的单体基坑卸荷比，安全保护等级为一级时不应超过 0.2，卸荷比可根据本标准附录 F 估算。

2 单体基坑沿市域铁路结构纵向的长度不应超过地下结构顶部埋深。

4.3.2 市域铁路结构安全保护等级为一级、二级时，上方基坑工程设计应符合下列规定：

1 平面布置有条件时，基坑坑底应设置抗拔桩，抗拔桩桩端应进入稳定持力层，并超过市域铁路地下结构底部。

2 坑底宜采取土体满堂加固措施，并应选择施工扰动小的工艺，土体加固与市域铁路地下结构的竖向净距不宜小于 2 m。

3 基坑支撑布设应利于支撑架设、土方开挖和快速形成底板。

4.3.3 上方基坑及地下结构施工宜符合本标准表 E.0.3 的规定。

4.4 地下水作业

4.4.1 市域铁路控制保护区内的地下水作业,应符合下列规定:

1 应避免市域铁路结构和路基周边地层发生流砂、管涌等渗流破坏。

2 应控制市域铁路结构和路基周边地层的水位变化幅度。

3 地下水作业前,应预测潜水水位变化或承压水头变化对市域铁路结构的沉降和变形影响,评估地下水作业对市域铁路结构的安全影响。

4.4.2 市域铁路控制保护区内的地下水作业方案,应符合下列规定:

1 应结合工程地质与水文地质条件、降水要求、市域铁路结构状况,综合采用合适的截水、排水、降水或回灌等地下水控制技术。

2 市域铁路结构安全保护等级为一级、二级时,地下水疏干降水作业空间应形成四周封闭的截水系统。

3 当涉及承压水时,应优先采用隔断承压含水层方案;若难以隔断承压含水层,应增加绕流路径以减小市域铁路结构处的承压水头损失,市域铁路结构侧宜采取回灌措施。

4 截水帷幕应选择质量可靠的工艺。

4.4.3 市域铁路控制保护区内的地下水作业时,应符合下列规定:

1 当涉及承压水降水时,应预先进行承压水减压降水试验;运行时应设置双电源,并应遵循按需降水原则。

2 疏干降水时,应采取预降水检验截水帷幕封闭可靠性。

3 当采取回灌措施时,应进行抽灌一体化渗流场整体分析;宜采用压力回灌。

4 降水井出砂量应小于 1/10 000。

5 如截水帷幕出现渗漏、坑底管涌、流砂等,应及时采取处理措施。

4.4.4 市域铁路控制保护区内的地下水作业时,监测应符合下列规定:

1 应监测市域铁路结构周边地层的潜水位和承压含水层水头变化。

2 应监测截水帷幕、降水井施工,以及地下水位变化诱发市域铁路结构发生的沉降量、差异沉降和水平位移。

4.4.5 市域铁路控制保护区内的地下水作业完成后,应对降水井、回灌井等进行有效封堵。

5 外部隧道工程

5.1 一般规定

5.1.1 外部隧道工程设计与施工应综合考虑施工过程土体应力状态变化、地层损失、工后变形等因素对市域铁路结构的影响。

5.1.2 外部隧道工程对市域铁路的安全保护等级应根据市域铁路结构形式、外部隧道埋深、外部隧道与市域铁路的距离按本标准附录B确定。

5.1.3 外部隧道工程采用盾构法施工时,盾构机选型应根据工程地质与水文地质条件、地面环境、地下障碍物、隧道净空尺寸、管片形式、施工组织等因素综合确定。当掘进区段地层较均匀或地层透水性较低时,宜采用土压平衡盾构;当掘进区段地层及环境条件较复杂、隧道直径较大、地下水压力大或需要精确控制开挖面压力时,宜采用泥水平衡盾构。

5.1.4 外部盾构隧道施工时,应控制施工引起的地层变形。市域铁路结构安全保护等级为一级、二级时,地层损失率不应大于0.3%;市域铁路结构安全保护等级为三级、四级时,地层损失率不应大于0.5%。

5.1.5 当市域铁路采用盾构法施工时,外部盾构隧道与其之间的净距,应根据工程地质条件、埋深、盾构类型等因素确定。并行隧道最小净距不宜小于$1.0D_e$(D_e指外部施工隧道的直径或宽度);穿越隧道最小净距应满足本标准第3.2.3条的要求,且不宜小于$0.5D_e$。当外部条件限制不能满足上述要求时,应采取必要的技术措施。

5.1.6 市域铁路控制保护区内外部隧道工程施工前,应进行试验段施工,试验段长度不宜少于 50 m,据此确定施工工艺和施工参数。

5.1.7 外部隧道工程采用盾构法施工时,应符合下列规定:

1 施工前,应做好盾构机的检查保养。推进时应保持稳定姿态,不应在市域铁路控制保护区内进行换刀、停机和姿态大幅度调整等作业。

2 控制土仓或泥水仓压力,保证盾构出土平衡。

3 同步注浆应遵循多点同时压注、适时适量注浆原则,注浆压力与地层压力应保持相对平衡;浆液配比应根据地层特点及工程经验选取,浆液的早期强度可根据需要适当提高。

4 根据地层性质、地面荷载、允许变形速率和变形值、盾构掘进参数等情况确定是否进行二次注浆。

5 外部隧道处于复杂地层或隧道曲率半径较小时,管片环间宜设置剪力销,增加隧道结构刚度。

5.2 穿越隧道

5.2.1 外部隧道穿越市域铁路段的线路设计应符合下列规定:

1 宜采用直线或大半径曲率线型。

2 宜采用垂直或大角度方式穿越市域铁路段。

5.2.2 外部隧道不应在市域铁路无砟轨道路基地段穿越,特殊条件下穿越时,应进行专项设计,满足路基沉降控制标准。

5.2.3 不宜采用顶管法下穿既有市域铁路地下结构。

5.2.4 当外部隧道位于含水砂层及软弱土等不良地层时,隧道下穿市域铁路桥梁宜采取隔离桩防护措施。

5.3 并行隧道

5.3.1 外部隧道设计线路应尽量避免或减少与市域铁路处于长

距离平行或接近平行的状态。

5.3.2 外部并行隧道施工,当软弱地层中市域铁路结构的安全保护等级为一级时,宜设置隔离桩。

6 外部其他工程

6.1 浅基础与桩基础

6.1.1 浅基础设计与施工对市域铁路结构安全的影响应综合考虑下列因素：

　　1 基底压力、基础侧向压力等引起的市域铁路结构受力状态变化。

　　2 施工及长期使用期间的地基变形引起的市域铁路结构附加应力及变形。

6.1.2 浅基础对市域铁路结构的安全保护等级应综合考虑基底压力大小、分布与市域铁路结构的距离等因素，按本标准附录C确定。

6.1.3 对软弱地基，可采用地基加固措施减少地基变形。当采用搅拌桩、旋喷桩等对周边环境影响较大的地基加固工艺时，应在正式施工前选择典型区域进行试验段施工，评估地基加固效果及对市域铁路结构的影响，确定施工工艺和施工参数。

6.1.4 桩基础设计与施工对市域铁路结构安全的影响应综合考虑下列因素：

　　1 成桩施工引起的市域铁路结构附加应力及变形。

　　2 桩端和桩侧注浆引起的市域铁路结构附加应力及变形。

　　3 承台侧面及底部土体压力、桩顶水平力、桩侧摩阻力和桩端阻力等引起的市域铁路结构受力状态变化。

　　4 桩基础长期使用荷载引起的市域铁路结构附加应力及变形。

6.1.5 外部桩基础作业的市域铁路结构安全保护等级应综合其

上部结构荷重、桩型、布桩密度和市域铁路结构的距离等因素,按本标准附录D确定。

6.1.6 外部桩基础作业的市域铁路结构安全保护等级为一级、二级时,桩基础设计应符合下列规定:

1 桩基应选择中、低压缩性土层作为桩端持力层。

2 对于市域铁路盾构法隧道结构,桩端应超过结构底部不小于$1.0D$(D为盾构法隧道结构外径或宽度)。

6.1.7 外部桩基础作业的市域铁路结构安全保护等级为三级、四级时,桩基础设计应符合下列规定:

1 桩基宜选择中、低压缩性土层作为桩端持力层。

2 对于市域铁路盾构法隧道结构,桩端应超过结构底部不小于$0.5D$(D为盾构法隧道结构外径或宽度)。

6.1.8 桩基础施工应符合下列规定:

1 正式施工前应进行试成(沉)桩。

2 成(沉)桩施工顺序应遵循距离市域铁路结构先近后远的原则。

6.1.9 灌注桩设计与施工应符合下列规定:

1 距离市域铁路结构较近时,可采取钢套管护壁、增加泥浆比重、地基预加固和间隔跳开施工等措施。

2 宜采用后注浆工艺控制成桩质量,减少拖带沉降影响。注浆时应严格控制注浆压力和流速,遵循少量、多次、均匀、间隔原则,降低注浆过程对市域铁路结构的影响。

3 采用扩底桩工艺时,市域铁路盾构法隧道结构底部$1.0D$(D为盾构法隧道结构外径或宽度)深度范围内不宜设置扩大头。

6.1.10 钢管桩设计与施工应符合下列规定:

1 应采用免共振液压振动等低扰动沉桩工艺。

2 应通过试沉桩评估对市域铁路既有结构的影响。

6.1.11 预制混凝土桩设计与施工应符合下列规定:

1 应采用非挤土、低扰动沉桩工艺。

2 应通过试沉桩评估对市域铁路既有结构的影响。

6.2 道路与地下管线

6.2.1 道路下穿市域铁路桥涵结构时,应设置警示标志、限高和限宽标志以及防护防撞设施。

6.2.2 道路设计与施工应考虑开挖卸载、道路加载、施工荷载及车辆动荷载等引起的市域铁路结构附加应力及变形的影响。

6.2.3 管线的最小覆土深度除应符合相关管线设计规范外,尚应满足市域铁路安全要求。

6.2.4 管线采用明挖法铺设时,管线基坑工程技术要求应满足本标准第4章外部基坑工程的要求。管线采用盾构法施工时,技术要求应满足本标准第5章外部隧道工程的要求。

6.2.5 管线采用顶管法或定向钻法作业时,结构安全保护等级应符合下列规定:

1 管线外径大于2 m时,市域铁路结构安全保护等级按本标准附录B确定。

2 管线外径不大于2 m时,市域铁路结构安全保护按本标准附录B确定的保护等级降低1级采用;保护等级为四级时,则不再降低。

6.2.6 管线不应在市域铁路无砟轨道路基地段穿越。特殊条件下必须穿越时,应进行专项设计,满足路基沉降控制标准。

6.2.7 管线不宜采用定向钻法下穿市域铁路地下结构。

6.2.8 油气管线的设计与施工应符合下列规定:

1 油气管线不应在市域铁路车站、编组站咽喉区、牵引变电所、车辆段(所)、机务段(所)、有砟轨道路基及过渡段范围内穿越。特殊条件下必须穿越时,应进行专项设计。

2 油气管线穿越市域铁路时,应采用外加保护套管的方式,套管与管线之间应充砂注浆填实。

3 油气管线下穿市域铁路高架时宜跨中布置,油气管线边缘与市域铁路高架承台边缘的水平距离不宜小于3.0 m。

4 与市域铁路并行的油气管线距市域铁路线路轨道中心线的净距不应小于25 m。

6.2.9 油气管线下穿市域铁路时,应在控制保护区外两端适当位置设置有效的截止阀及检漏设施。

6.2.10 管线穿越市域铁路桥梁时,宜采用非开挖技术施工。管线直径小于0.8 m时,宜采用定向钻穿越;直径大于等于0.8 m时,宜采用顶管穿越。

6.2.11 管线采用顶管法施工时,应符合下列规定:

1 工作井宜设置于控制保护区之外。当位于控制保护区内时,应采取可靠的进出洞加固措施,加固长度不应小于3.0 m,加固范围不宜小于洞口周边以外2.0 m。

2 应考虑顶管工作井后背墙的支承力对市域铁路结构可能产生的不利影响。

3 顶进施工过程应保证管线接头密封。

4 市域铁路结构安全保护等级为一级时,施工过程应采取全管节注浆措施,形成完整的泥浆环套。

6.2.12 管线采用定向钻法施工时,应符合下列规定:

1 应严格控制导向钻孔轴线,为保证导向精度,宜使用有线测量导向控制系统实施导向孔钻进。

2 回拖时宜连续作业,特殊情况下,停止回拖时间不宜超过4 h。

3 施工结束后,管线与回扩孔之间的空隙应注浆充填密实。

6.3 上跨桥梁工程

6.3.1 上跨桥梁工程应满足市域铁路限界要求,并充分考虑桥梁沉落量和竖向挠度。当上跨有砟轨道市域铁路时,适当预留市域铁路抬道余量,上跨桥梁工程底面至铁路接触网带电部分的绝缘距离不小于0.5 m,同时应考虑施工期施工设备的绝缘安全距离。施工及运营期均应采取有效措施,防止桥梁构筑物、附着物等坠入市域铁路线路。

6.3.2 上跨桥梁钻孔灌注桩与市域铁路结构的距离,除应满足本标准第3.2.3条的要求外,尚应符合下列规定:

1 跨越桥梁地段时,邻近桩基中心距市域铁路桩基应不小于$6d_p$(d_p为外部作业的桩基直径)。

2 跨越路基地段时,邻近桩基宜设置在路基水沟以外。

3 跨越U槽、挡墙段时,基础作业应满足市域铁路结构安全稳定的要求。

6.3.3 外部作业为上跨市域铁路工程时,市域铁路结构安全保护等级不应低于二级。

6.3.4 上跨市域铁路的公路及城市道路桥梁安全等级应采用一级,结构重要性系数为1.1;汽车设计活载采用相应标准设计活载的1.3倍;抗震设防类别按不低于公路(城市)桥梁抗震设计标准中规定的B(乙)类。

6.3.5 梁部结构宜采用整体性好的桥梁结构,不宜采用简支空心板梁、T梁等桥梁结构。

6.3.6 上跨桥梁为公路、市政道路时,桥梁防撞护栏设置应符合下列规定:

1 当上跨桥梁路幅布置为机动车道+非机动车道时,设置1道防撞护栏,临近车道采用最高级(HA),外侧采用栏杆。

2 当上跨桥梁路幅仅布置机动车道时,设置1道最高级(HA)防撞护栏。

6.3.7 新建桥梁宜采用预制架设、转体、顶推等施工方法。施工期应采取有效封闭防护措施,应考虑桥梁施工期线形对限界的影响。

6.3.8 当采用转体上跨市域铁路时,上跨桥梁转体施工合拢段宜设置在铁路建筑限界外,转体前应完成防撞护栏浇筑和模板拆除,以及称重、配重并试转确认。

6.3.9 上跨市域铁路时,应保证跨越后结构稳定。当采用转体法上跨时,应在1个天窗点内转体就位,转体桥梁应做好转体墩的临时固结。

6.3.10 对上跨市域铁路的公(道)路桥梁工程,桥梁两侧应采取防抛网等安全防护措施,金属部件表层应进行防腐处理。结构基础、钢立柱、网片连接须经设计验算,满足抗风能力和牢固性。

6.3.11 上跨市域铁路桥孔梁板上不应设置泄水孔及附属排水管线,桥面汇水应通过桥面纵坡引至铁路范围以外。

6.3.12 跨越市域铁路的立交工程,必须安装接地装置。

6.3.13 上跨市域铁路的(公)道路工程必须按照道路等级设置限载、限速标志。

6.3.14 管线、槽道等设施不得在上跨桥梁梁体、防撞护栏、桥梁栏杆及防护网(板)外侧附挂通过。

6.3.15 跨线范围内桥面路灯不宜设在桥面外侧,并采取防止路灯倾覆坠落桥下的措施。

6.3.16 上跨市域铁路桥梁应加强耐久性设计,钢结构桥梁应采取有效防腐措施,为确保桥梁主体及附属结构的养护维修,大跨度桥梁应设置安全可靠的检修通道。

6.3.17 公路、道路和轨道交通在市域铁路隧道浅埋地段上方通过时,宜采用桥梁跨越方案。

6.4 其他作业

6.4.1 勘探完成后,应采取注浆、灌浆等措施封堵勘察孔。

6.4.2 当外部作业采用钻孔、抓孔等工法时,应采取措施避免发生塌孔事故,并应控制市域铁路地下结构周边地层的水位变化幅度。

6.4.3 市域铁路控制保护区内的冻结法作业,应采取措施以减少地层冻胀、融沉对结构产生的不利影响。外部作业为冻结法施工时,市域铁路结构安全保护等级不应低于二级。

6.4.4 当市域铁路结构邻近高挡墙时,外部作业应保证高挡墙及其基础的安全。

6.4.5 过水段市域铁路控制保护区内不应进行抛锚或拖锚等水下作业,水下清淤疏浚作业应保证市域铁路结构上方覆土厚度不小于设计要求。

6.4.6 市域铁路控制保护区内的结构拆除应采用冲击、振动较小的作业方案。

6.4.7 塔吊等外部高空作业吊重时,严禁经过市域铁路地面结构和高架结构的正上方,并应保持安全距离。

6.4.8 油气输送管线、给排水管、热力管线、城镇燃气管线等不应架空上跨市域铁路地面区间和高架区间。

6.4.9 市域铁路结构上方进行电力线跨线架空作业时,应满足本标准第 3.2.3 条和现行国家标准《66 kV 及以下架空电力线路设计规范》GB 50061、《110 kV~750 kV 架空输电线路设计规范》GB 50545 的有关规定。

7 安全评估

7.1 一般规定

7.1.1 当市域铁路安全保护等级为一级、二级时,应对市域铁路结构进行安全评估;当市域铁路安全保护等级为三级时,宜进行安全评估。

7.1.2 安全评估宜贯穿外部作业设计、实施全过程,除应进行市域铁路结构外部作业影响预评估外,当市域铁路结构施工过程中出现变形值较大或结构出现病害时,尚应进行外部作业施工过程评估和外部作业影响后评估。

7.1.3 符合本标准第 7.1.1 条规定、需要进行安全评估的,在外部作业实施前,应进行市域铁路结构外部作业影响预评估,确定结构安全控制指标值,评估外部作业方案的可行性。

7.1.4 市域铁路结构预评估前,应收集市域铁路竣工资料,调查市域铁路结构状况,评估当前市域铁路结构的安全状态,按本标准第 3.2.6 条确定相应的结构安全控制指标值。

7.1.5 外部作业影响预评估可通过理论分析、数值模拟、经验法或模型试验等方法,预测外部作业对市域铁路结构的不利影响,并结合市域铁路结构安全控制指标值,评估外部作业方案的可行性,提出市域铁路安全保护措施建议。

7.1.6 外部作业施工过程中,出现监测值大于市域铁路结构安全控制指标值或结构出现病害时,应进行过程安全评估,确定当前市域铁路结构的安全状态,评估后续外部作业方案的可行性。

7.1.7 满足本标准第 7.1.6 条要求、需要进行过程评估的市域铁路结构,应在外部作业完成后进行后评估。

7.1.8 对市域铁路有重大影响的专项保护技术方案应经过专项技术论证,内容包括外部作业的设计方案、安全评估报告、市域铁路结构保护专项方案及监测方案等。

7.1.9 安全评估应形成专项评估报告,报告内容包括对市域铁路结构的安全影响评估、结论及对外部作业方案的要求和建议等。

7.2 技术要求

7.2.1 市域铁路控制保护区内相近的多项外部作业,应综合考虑其对市域铁路既有结构产生的叠加影响。

7.2.2 安全评估的技术要求应满足本标准附录 G 的要求。

8 监 测

8.1 一般规定

8.1.1 在控制保护区进行外部作业时,应对市域铁路结构进行监测,并进行过程监控。

8.1.2 市域铁路结构的监测工作,不得影响市域铁路的正常运营。

8.1.3 市域铁路结构的监测应采用仪器监测与巡视检查相结合的方法。变形监测宜采用自动化监测方法。巡视检查包括市域铁路结构本体及外部作业的巡查。

8.1.4 市域铁路结构的监测方案应依据结构受外部作业的影响特征、结构安全保护要求及外部作业实施前所开展的安全评估成果编制。

8.1.5 市域铁路结构的水平位移、竖向位移等监测项目的监测等级、方法及精度要求应符合现行国家标准《工程测量标准》GB 50026 和现行行业标准《建筑变形测量规范》JGJ 8 的有关规定。

8.2 监测项目

8.2.1 监测项目应能及时反映外部作业对市域铁路结构安全影响的重要变化,并应根据表 8.2.1 进行选择。

表 8.2.1 监测项目

序号	监测项目	市域铁路结构安全保护等级			
		一级	二级	三级	四级
1	竖向位移	应测	应测	应测	应测
2	水平位移	应测	应测	宜测	可测
3	相对收敛	应测	应测	宜测	可测
4	变形缝张开量、裂缝	应测	应测	宜测	可测
5	道床与轨道变位	应测	应测	宜测	可测

8.2.2 监测点应布置在监测对象变形和内力的关键特征点上，监测点的布置要求应符合表8.2.2的规定。地下结构曲线段应加密布置监测断面。

表 8.2.2 监测点布置要求

序号	监测项目	监测点布置位置	监测断面布置间距(m)
1	竖向位移	路基结构路肩、坡脚；地下结构道床、侧墙；地面及高架结构底层柱、桥面、桥墩、隧道结构、过渡段	3～20
2	水平位移	路基结构路肩、坡脚；地下结构道床、侧墙；地面及高架结构底层柱、桥面、桥墩、隧道结构	3～20
3	相对收敛	地下结构每监测断面不少于2条测线	3～20
4	变形缝张开量、裂缝	结构裂缝位置、结构变形缝两侧	缝的两侧均匀布置
5	隧道断面尺寸	隧道结构	按监测断面或在重点位置布设
6	道床与轨道变位	道床的纵、横断面上，两条轨道上	3～20

注：1 桥墩监测应根据桥墩的具体位置，每个墩位不少于2个监测点。
  2 监测点和监测断面的布置，应根据外部作业安全保护等级和市域铁路结构的特征综合确定。
  3 结构安全监测等级为一级、二级时，间距宜为 3 m～10 m；监测等级为三级、四级时，间距宜为 10 m～20 m。
  4 市域铁路既有盾构隧道结构的监测点宜布设于隧道结构顶部、底部和侧墙，每个断面监测点应不少于4个。

8.2.3 变形监测网基准点和工作基点的布设应符合现行国家标准《工程测量标准》GB 50026 的相关规定。

8.3 监测频率

8.3.1 市域铁路结构的监测频率应能系统反映监测对象所测项目的重要变化过程及变化时刻。当监测数据接近市域铁路结构安全控制指标值的预警值时,应加密监测频次;当发现市域铁路结构有异常情况或外部作业有危险事故征兆时,应采用不间断实时监测。

8.3.2 市域铁路结构的监测周期应从测定监测项目初始值开始,至外部作业完成且监测数据趋于稳定后结束。

8.3.3 监测项目的初始值应在外部作业实施前测定,应取至少连续测量 3 次的稳定值的平均数作为初始值。

8.3.4 市域铁路结构的监测频率应符合下列规定:

  1 外部作业的市域铁路结构安全保护等级为一级、二级,自动化监测频率不低于 1 次/4 小时,人工监测频率不宜低于 1 次/(1～2)天。

  2 外部作业的市域铁路结构安全保护等级为三级、四级,自动化监测频率不低于 1 次/6 小时,人工监测频率不宜低于 1 次/(2～3)天。

8.4 监测预警

8.4.1 监测预警等级划分及应对管理措施应符合表 8.4.1 的规定。

表 8.4.1 监测预警等级划分及应对管理措施

监测预警等级	监测比值 G	应对管理措施
A	$G<0.8$	可正常进行外部作业
B	$0.8 \leqslant G<1.0$	监测报警,并采取加密监测点或提高检测频率等措施加强对市域铁路结构的监测
C	$1.0 \leqslant G$	进行过程安全评估工作,各方共同制定相应安全保护措施,并经组织审查后,开展后续工作

注:监测比值 G 为监测项目实测值与结构安全控制指标值的比值。

8.4.2 监测预警等级的划分除应符合表 8.4.1 外,尚应结合市域铁路结构监测数据的变化速率值确定。当无砟轨道线路结构变形连续 2 天超过 2 mm/d 时,或有砟轨道线路变形连续 3 天超过 2 mm/d 时,监测预警等级应不低于 B 级。

8.4.3 监测成果资料整理应符合下列规定:

1 根据观测资料,及时完成每个观测点的时间-变形曲线的绘制。

2 及时整理、汇总、分析变形观测资料,完成监测报告,并报送有关单位进行变形分析和评估。

附录 A 外部基坑工程的市域铁路结构安全保护等级

A.0.1 旁侧基坑对市域铁路结构的安全保护等级宜按表 A.0.1 划分,其中,接近程度和基坑开挖深度可按本标准第 A.0.2 条和第 A.0.3 条确定。

表 A.0.1 旁侧基坑的市域铁路结构安全保护等级的划分

基坑开挖深度 \ 接近程度	非常接近	接近	较接近	相对远离
深	一级	一级	一级	一级
较深	一级	一级	一级	二级
较浅	一级	一级	二级	三级
浅	一级	二级	三级	四级

A.0.2 旁侧基坑与市域铁路结构的接近程度的判定宜按表 A.0.2 确定。

表 A.0.2 旁侧基坑与市域铁路结构接近程度的判定

市域铁路结构类型	最小净距	接近程度
盾构法隧道结构	$L_{ed} \leqslant 1.0h$	非常接近
	$1.0h < L_{ed} \leqslant 1.5h$	接近
	$1.5h < L_{ed} \leqslant 2.0h$	较接近
	$L_{ed} > 2.0h$	相对远离
高架结构	$L_{ed} \leqslant 1.0h$	非常接近
	$1.0h < L_{ed} \leqslant 1.5h$	接近
	$1.5h < L_{ed} \leqslant 2.0h$	较接近
	$L_{ed} > 2.0h$	相对远离

续表A.0.2

市域铁路结构类型	最小净距	接近程度
地面结构	$L_{ed} \leq 0.75h$	非常接近
	$0.75h < L_{ed} \leq 1.25h$	接近
	$1.25h < L_{ed} \leq 2.0h$	较接近
	$L_{ed} > 2.0h$	相对远离

注:h 为外部基坑开挖深度(m);L_{ed} 为旁侧基坑支护结构外边线与市域铁路隧道结构、高架或地面结构桩基础的最小净距(m)。

A.0.3 旁侧基坑的开挖深度判定宜按表 A.0.3 确定。

表 A.0.3 旁侧基坑开挖深度的判定

基坑开挖深度	市域铁路盾构法隧道结构	市域铁路地面或高架结构
深	$h \geq 12$	$h \geq 0.25L_p$
较深	$12 > h \geq 8$	$0.15L_p \leq h < 0.25L_p$
较浅	$8 > h \geq 5$	$0.10L_p \leq h < 0.15L_p$
浅	$h < 5$	$h \leq 0.10L_p$

注:h 为外部基坑开挖深度(m);L_p 为市域铁路地面或高架结构桩基桩长(m)。

A.0.4 对未采用桩基础的市域铁路路基结构,其安全保护等级应根据外部基坑的规模、与路基结构的距离以及工程地质、水文地质条件等综合确定。

A.0.5 截水帷幕没有隔断承压水的情况,表 A.0.1 的市域铁路结构安全保护等级应提高 1 级,保护等级为一级时不再提高。

A.0.6 上方基坑对市域铁路盾构法隧道结构的安全保护等级宜按表 A.0.6 划分。其他地下结构在同样条件下的安全保护等级可降低 1 级采用,保护等级为四级时不再降低。

表 A.0.6 上方基坑的市域铁路盾构法隧道结构安全保护等级的划分

保护等级	划分原则
一级	$\nu_1 \geqslant 0.12$ 或 $h/h_1 \geqslant 0.30$
二级	$0.12 > \nu_1 \geqslant 0.08$ 或 $0.30 > h/h_1 \geqslant 0.20$
三级	$0.08 > \nu_1 \geqslant 0.05$ 或 $0.20 > h/h_1 \geqslant 0.125$
四级	$\nu_1 < 0.05$ 且 $h/h_1 < 0.125$

注:ν_1 为隧道上方的卸荷比,可根据本标准附录 F 计算;h 为外部基坑开挖深度(m);h_1 为市域铁路地下结构顶部埋深(m)。

附录 B 外部隧道工程的市域铁路结构安全保护等级

B.0.1 外部隧道对市域铁路结构的安全保护等级宜按表 B.0.1-1 和表 B.0.1-2 划分,其中,接近程度、工程影响分区、隧道相对埋深可按本标准第 B.0.2 条~第 B.0.4 条确定。

表 B.0.1-1 外部隧道工程的市域铁路地下结构安全保护等级的划分

隧道作业的工程影响分区 \ 接近程度	非常接近	接近	较接近	相对远离
强烈影响区(A)	一级	一级	一级	二级
显著影响区(B)	一级	一级	二级	三级
一般影响区(C)	一级	二级	三级	四级

表 B.0.1-2 市域铁路地面和高架结构安全保护等级的划分

隧道相对埋深 \ 接近程度	非常接近	接近	较接近	相对远离
深	一级	一级	一级	二级
中等	一级	一级	二级	三级
浅	一级	二级	三级	四级

B.0.2 接近程度应根据市域铁路结构类型及其与隧道结构的空间关系确定,接近程度的判定宜按表 B.0.2 确定。

表 B.0.2 外部隧道工程接近程度的判定

市域铁路结构类型	相对净距	接近程度
盾构法隧道	$L_{td} \leq 1.0D$	非常接近
	$1.0D < L_{td} \leq 2.0D$	接近
	$2.0D < L_{td} \leq 3.0D$	较接近
	$L_{td} > 3.0D$	相对远离

续表B.0.2

市域铁路结构类型	相对净距	接近程度
明挖法或盖挖法	$L_{td} \leqslant 0.5H$	非常接近
	$0.5H < L_{td} \leqslant 1.0H$	接近
	$1.0H < L_{td} \leqslant 2.0H$	较接近
	$L_{td} > 2.0H$	相对远离
高架结构/地面结构	$L_{td} \leqslant 0.7h_2$	非常接近
	$0.7h_2 < L_{td} \leqslant 1.0h_2$	接近
	$1.0h_2 < L_{td} \leqslant 2.0h_2$	较接近
	$L_{td} > 2.0h_2$	相对远离

注:L_{td}为外部隧道结构外边线与地下结构、地面或高架结构桩基础间的最小净距离。D为盾构法或圆形顶管法市域铁路的隧道外径;采用矩形顶管时,D为长边宽度。H为明挖法或盖挖法市域铁路结构的基坑开挖深度。h_2为外部隧道底部埋深。

B.0.3 市域铁路为地下结构时,盾构法隧道外部作业的工程影响分区宜按表B.0.3和图B.0.3确定。

表 B.0.3 盾构法隧道外部作业的工程影响分区

工程影响分区	区域范围
强烈影响区(A)	隧道正上方以及外侧$0.7h_2$范围内
显著影响区(B)	隧道外侧$(0.7 \sim 1.0)h_2$范围内
一般影响区(C)	隧道外侧$(1.0 \sim 2.0)h_2$范围内

注:h_2为外部隧道底部埋深(m)。

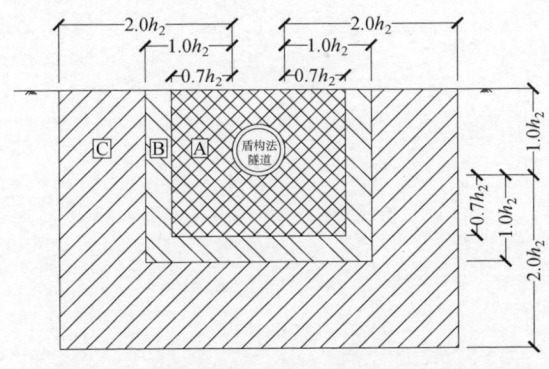

图 B.0.3 盾构法隧道外部作业的工程影响分区

B.0.4 市域铁路为地面和高架结构时,隧道相对埋深应根据市域铁路地面和高架结构桩基础与隧底埋深在垂向的相对位置关系确定,相对埋深的判定宜按表 B.0.4 确定。

表 B.0.4 隧道相对埋深的判定

隧道相对埋深	隧底埋深
深	$h_2 \geqslant 0.4L_p$
中等	$0.2L_p \leqslant h_2 < 0.4L_p$
浅	$h_2 < 0.2L_p$

注:h_2 为外部隧道底部埋深;L_p 为市域铁路地面或高架结构桩基桩长(m)。

B.0.5 对未采用桩基础的市域铁路地面结构,其安全保护等级应根据外部隧道的大小和埋深、与地面结构的距离以及工程地质与水文地质条件等综合确定。

附录 C 外部浅基础作业的市域铁路结构安全保护等级

C.0.1 外部浅基础作业对市域铁路盾构法隧道结构的安全保护等级宜按表 C.0.1 划分。

表 C.0.1 外部浅基础作业的市域铁路盾构法隧道结构安全保护等级

L_{sd}(m)	$L_{sd} \leqslant (D+h_1-h_3)$	$(D+h_1-h_3) < L_{sd} \leqslant (2D+h_1-h_3)$	$(2D+h_1-h_3) < L_{sd} \leqslant (3D+h_1-h_3)$	$(3D+h_1-h_3) < L_{sd}$
$60 < q$	一级	一级	一级	二级
$45 < q \leqslant 60$	一级	一级	二级	二级
$30 < q \leqslant 45$	一级	二级	二级	三级
$15 < q \leqslant 30$	一级	二级	三级	四级
$q \leqslant 15$	二级	三级	四级	四级

注：q 为作用效应标准组合时，上部结构在其水平面投影面积的平均压力值(kPa)；h_1 为市域铁路盾构法隧道结构顶部埋深(m)；D 为市域铁路盾构法隧道结构外径或宽度(m)；h_3 为浅基础埋深(m)；L_{sd} 为浅基础外边线与市域铁路盾构法隧道结构的水平净距(m)。

C.0.2 当地基压缩层范围内存在液化土层时，保护等级应提高 1 级，保护等级为一级时不再提高。

C.0.3 保护对象为盾构法以外的其他市域铁路地下结构时，保护等级可降低 1 级，保护等级为四级时不再降低。

附录 D 外部桩基础作业的市域铁路结构安全保护等级

D.0.1 外部桩基础作业对市域铁路盾构法隧道结构的安全保护等级宜按表 D.0.1 划分。

表 D.0.1 外部桩基础作业的市域铁路盾构法隧道结构安全保护等级

L_{pd}(m)	$L_{pd} \leq (D+h_1-h_4)$	$(D+h_1-h_4) < L_{pd} \leq (2D+h_1-h_4)$	$(2D+h_1-h_4) < L_{pd} \leq (3D+h_1-h_4)$	$(3D+h_1-h_4) < L_{pd}$
$450 < p_0$	一级	一级	一级	二级
$300 < p_0 \leq 450$	一级	一级	二级	二级
$150 < p_0 \leq 300$	一级	二级	二级	三级
$60 < p_0 \leq 150$	一级	二级	三级	四级
$p_0 \leq 60$	二级	三级	四级	四级

注:p_0 为荷载效应准永久组合下承台底的平均附加压力(kPa);h_1 为市域铁路盾构法隧道结构顶部埋深(m);D 为市域铁路盾构法隧道结构外径或宽度(m);h_4 为桩顶埋深(m);L_{pd} 为桩基础承台外边线与市域铁路盾构法隧道结构的水平净距(m)。

D.0.2 当地基土存在较厚松散粉土、粉砂层时,保护等级应提高 1 级,保护等级为一级时不再提高。

D.0.3 保护对象为盾构法以外的其他市域铁路地下结构时,保护等级可降低 1 级,保护等级为四级时不再降低。

附录 E 外部基坑工程的设计施工参数

E.0.1 旁侧单体基坑的平面尺寸宜按表 E.0.1 确定。

表 E.0.1 旁侧单体基坑平面尺寸控制值(m)

h \ L_{ed}	$0.7h<L_{ed}\leqslant h$	$h<L_{ed}\leqslant 2h$	$2h<L_{ed}\leqslant 4h$	$L_{ed}>4h$
$h<5$	$L_1<60$ $L_2<50$	$L_1<60$ $L_2<80$	$L_1<80$ $L_2<80$	$L_1<80$ $L_2<120$
$8>h\geqslant 5$	$L_1<60$ $L_2<50$	$L_1<60$ $L_2<80$	$L_1<80$ $L_2<80$	$L_1<80$ $L_2<100$
$12>h\geqslant 8$	$L_1<50$ $L_2<25$	$L_1<50$ $L_2<25$	$L_1<50$ $L_2<80$	$L_1<80$ $L_2<100$
$h\geqslant 12$	$L_1<50$ $L_2<25$	$L_1<50$ $L_2<25$	$L_1<50$ $L_2<50$	$L_1<80$ $L_2<100$

注:h 为外部基坑开挖深度(m);L_{ed} 为旁侧基坑支护结构外边缘与市域铁路隧道结构、高架或地面结构桩基础的最小净距离(m);L_1 为与市域铁路设施平行方向的基坑边长(m);L_2 为与市域铁路设施垂直方向的基坑边长(m)。

E.0.2 旁侧基坑及地下结构施工宜符合表 E.0.2 的规定。

表 E.0.2 旁侧基坑及地下结构施工控制参数

铁路结构安全保护等级	一级	二级	三、四级
平行铁路结构方向的一次性开挖长度(m)	<30	<40	<60
挖土至标高后钢支撑施工完成时间(h)	<12	<16	<24
挖土至标高后混凝土支撑施工完成时间(h)	<24	<36	<72
挖土至标高后垫层和基础底板施工完成时间(h,d)	$<6,<3$	$<8,<4$	$<8,<6$

E.0.3 上方基坑及地下结构施工宜符合表 E.0.3 的规定。

表 E.0.3 上方基坑及地下结构施工控制参数

市域铁路结构安全保护等级	一级	二级	三、四级
纵横向一次性开挖长度(m)	<10	<15	<20
挖土至标高后钢支撑施工完成时间(h)	<12	<16	<24
挖土至标高后混凝土支撑施工完成时间(h)	<24	<36	<48
挖土至标高后垫层和基础底板施工完成时间(h, d)	<6, <2	<8, <3	<8, <4

注:"纵横向一次性开挖长度"指开挖后浇筑垫层的长度。

附录 F 隧道上方卸荷比计算

F.0.1 隧道上方卸荷比 ν_1 可根据上方基坑与隧道的空间关系，选取最不利断面，按式(F.0.1)计算：

$$\nu_1 = \frac{S_1}{S} \quad (F.0.1)$$

式中：S_1——隧道上方主要覆土区的基坑最大断面面积(图 F.0.1 所示阴影部分面积，m^2)；
  S——隧道上方主要覆土区的断面面积(m^2)。

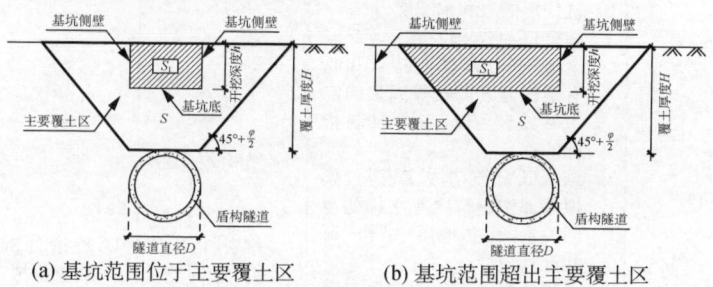

(a) 基坑范围位于主要覆土区　　(b) 基坑范围超出主要覆土区

图 F.0.1　隧道上方卸荷比计算简图

注：φ 为隧道顶部以上土体的加权平均内摩擦角(°)。

附录G 安全评估内容及技术要求

G.0.1 外部作业影响安全评估的技术要求应符合表G.0.1的要求。

表G.0.1 外部作业影响安全评估的技术要求

安全评估阶段	评估内容	主要依据	分析方法
预评估	1. 对安全控制区内的市域铁路结构开展工前调查和分析；评估结构当前的安全状态、抗变形能力和承载能力； 2. 综合既有结构特点、运营安全要求、外部作业特点和既有结构健康现状等因素确定市域铁路结构安全控制指标值； 3. 结合既有结构竣工资料，模拟外部作业与既有结构的空间关系，建立地层-结构-荷载计算模型； 4. 预测分析外部作业主要工况及使用阶段可能引发既有结构风险的影响因素，如周边卸载或超载、水位变化等，计算预测既有结构的内力和变形变化； 5. 评估外部作业设计方案和市域铁路保护方案的可行性； 6. 提出既有结构安全保护措施及监测建议； 7. 对于安全等级为一级的项目，宜通过试验段或工艺试验确定外业施工的影响结果，并据此修正预评估结果	1. 结构竣工资料； 2. 岩土工程勘察资料； 3. 结构调查、检测报告； 4. 外部作业设计方案； 5. 市域铁路保护方案	1. 理论分析或数值模拟； 2. 模型试验； 3. 经验法

续表G.0.1

安全评估阶段	评估内容	主要依据	分析方法
过程评估*	1. 跟踪评估既有结构的当前状态和继续抗变形能力、承载能力，及时修正安全控制指标值； 2. 必要时，重新制定既有结构保护方案，或调整外部作业设计方案； 3. 预测分析后续外部作业方案和市域铁路保护方案的可行性	1. 结构监测数据； 2. 外部作业影响预评估报告； 3. 施工前及过程的结构调查报告； 4. 地层比对资料	1. 结构现状调查、检测、测量； 2. 理论分析或数值模拟； 3. 经验法
后评估*	1. 进行市域铁路结构有无裂缝、渗漏水等调查和分析； 2. 结合监测数据，评估市域铁路结构工后的安全状态和承载能力； 3. 必要时，提出修复既有结构的措施	结构的调查资料、监测数据	1. 结构工后调查、检测、测量； 2. 理论分析或数值模拟； 3. 经验法

注：* 符合本标准第7.1.6条和第7.1.7条的应进行过程评估和后评估。

本标准用词说明

1 为便于在执行本标准条文时区别对待，对要求严格程度不同的用词，说明如下：
 1) 表示很严格，非这样做不可的用词：
  正面词采用"必须"；
  反面词采用"严禁"。
 2) 表示严格，在正常情况下均应这样做的用词：
  正面词采用"应"；
  反面词采用"不应"或"不得"。
 3) 表示允许稍有选择，在条件许可时首先应这样做的用词：
  正面词采用"宜"；
  反面词采用"不宜"。
 4) 表示有选择，在一定条件下可以这样做的用词，采用"可"。

2 标准中指定应按其他有关标准执行时，写法为"应符合……的规定(要求)"或"应按……执行"。

引用标准名录

1 《工程测量标准》GB 50026
2 《66 kV 及以下架空电力线路设计规范》GB 50061
3 《石油天然气工程设计防火规范》GB 50183
4 《110 kV～750 kV 架空输电线路设计规范》GB 50545
5 《建筑变形测量规范》JGJ 8
6 《基坑工程技术标准》DG/TJ 08—61

上海市工程建设规范

市域铁路结构安全保护技术标准

DG/TJ 08—2397—2022
J 16199—2022

条 文 说 明

2023　上海

目　次

1 总　则 ………………………………………………… 51
3 基本规定 ……………………………………………… 53
　3.1 一般规定 ………………………………………… 53
　3.2 安全控制 ………………………………………… 57
　3.3 安全保护 ………………………………………… 62
4 外部基坑工程 ………………………………………… 64
　4.1 一般规定 ………………………………………… 64
　4.2 旁侧基坑 ………………………………………… 66
　4.3 上方基坑 ………………………………………… 67
　4.4 地下水作业 ……………………………………… 68
5 外部隧道工程 ………………………………………… 70
　5.1 一般规定 ………………………………………… 70
　5.2 穿越隧道 ………………………………………… 71
6 外部其他工程 ………………………………………… 73
　6.1 浅基础与桩基础 ………………………………… 73
　6.2 道路与地下管线 ………………………………… 74
　6.3 上跨桥梁工程 …………………………………… 75
　6.4 其他作业 ………………………………………… 78
7 安全评估 ……………………………………………… 80
　7.1 一般规定 ………………………………………… 80
　7.2 技术要求 ………………………………………… 81
8 监　测 ………………………………………………… 82
　8.1 一般规定 ………………………………………… 82
　8.2 监测项目 ………………………………………… 83
　8.3 监测频率 ………………………………………… 83
　8.4 监测预警 ………………………………………… 83

Contents

1 General provisions ················· 51
3 Basic requirements ················· 53
   3.1 General requirements ············· 53
   3.2 Safety control ················· 57
   3.3 Safety protection ··············· 62
4 Exterior foundation pit engineering ········ 64
   4.1 General requirements ············· 64
   4.2 Lateral foundation pit ············ 66
   4.3 Upper foundation pit ············· 67
   4.4 Groundwater operation ············ 68
5 Exterior tunnel engineering ············ 70
   5.1 General requirements ············· 70
   5.2 Cross tunnel ················· 71
6 Other exterior engineering ············· 73
   6.1 Shallow foundation and pile foundation ··· 73
   6.2 Road and underground pipeline ········ 74
   6.3 Flyover bridge engineering ·········· 75
   6.4 Other operations ··············· 78
7 Safety assessment ·················· 80
   7.1 General requirements ············· 80
   7.2 Technical requirements ············ 81
8 Monitoring ····················· 82
   8.1 General requirements ············· 82
   8.2 Monitoring items ··············· 83
   8.3 Monitoring frequency ············· 83
   8.4 Early warning of monitoring ········· 83

1 总 则

1.0.1 市域铁路在建设、运营等不同阶段，其他工程建筑物或构筑物在建设时，不可避免与市域铁路产生交叉或邻近并相互影响。这些外部作业可能会改变市域铁路结构周围原有土体结构应力和变形，导致市域铁路结构发生沉降、隆起和侧向变形等，轨道几何形位发生变化，使市域铁路结构和运营安全受到威胁。

为保证市域铁路结构的安全和正常运营，在其结构及其周边特定范围均需设置控制保护区域。控制保护区内可能存在的外部作业包括：地基加固和桩基施工、基坑开挖、降水、隧道施工、道路与管道施工、地面加卸载、河道疏浚、爆破及架设桥梁等。

市域铁路与地铁相比速度高；与铁路相比，线路多处于市区，外部作业多。且上海属软土地层，市域铁路结构的安全易受外部作业影响。因此，须规范市域铁路的控制保护区范围、结构控制标准及外部作业的安全防护、技术要求，确保市域铁路结构安全和运营安全。

1.0.2 本标准适用范围具体包括下列两种情况：

1 市域铁路结构已投入运营。

2 市域铁路结构已经施工完成，但尚未投入运营。

本标准适用于市域铁路结构已完成的安全保护，是指只要该市域铁路的某段线路结构已完成或单个市域铁路结构工程已完成，在其控制保护区内有外部作业时，应按本标准执行。

针对市域铁路结构正在施工、未完成的情况，可放宽对外部作业部分工况的要求。由于正在施工的市域铁路结构与邻近外部作业的相互影响复杂，不确定因素多，需结合具体工程特点，各自从设计、施工、监测及管理方面采取合理的措施，减少相互影响,保证彼此的安全。

对于完成规划但尚未建设的市域铁路,也需提前对其周边的外部作业进行合理的控制,以保障市域铁路结构的顺利建设和安全运营。

3 基本规定

3.1 一般规定

3.1.1 市域铁路地下区间结构一般采用盾构法施工完成,地下车站及附属结构一般采用明挖法施工完成,而地面车站结构、区间路基结构和高架结构都采用桩基础。不同市域铁路结构对外部作业的敏感程度和应力应变响应有显著差异。本标准需要保护的市域铁路结构除了主体结构外,也包括附属结构及配套的其他构筑物。

3.1.2 市域铁路作为重要的城市轨道交通工程,其安全保障至关重要,且其设计使用年限长,结构的维修和加固困难,因此要严格控制和规范市域铁路结构周边的外部作业,严禁外部作业影响结构的正常使用功能、承载能力、耐久性和其他特殊功能。

3.1.3 《上海市铁路安全管理条例》对铁路线路两侧设立了铁路线路安全保护区。铁路线路安全保护区的范围,从铁路线路路堤坡脚、路堑坡顶或者铁路桥梁(含铁路、道路两用桥,下同)外侧起向外的距离分别为:①城市市区高速铁路为 10 m,其他铁路为 8 m;②城市郊区居民居住区高速铁路为 12 m,其他铁路为 10 m;③村镇居民居住区高速铁路为 15 m,其他铁路为 12 m;④其他地区高速铁路为 20 m,其他铁路为 15 m。

铁路线路位于地下的,从地下车站、隧道外边线外侧起向外的 50 m 区域,纳入铁路线路安全保护区范围。

本标准为保证市域铁路结构的安全和正常使用,也需要控制市域铁路沿线一定范围内的外部作业。控制保护区范围不完全等同于《上海市铁路安全管理条例》的线路安全保护区范围。参考现行行业及地方标准中针对"城市轨道交通控制保护区"(有的地方标准也称"安全保护区")的规定,制定本条文。

部分现行行业、地方标准中针对"城市轨道交通控制保护区"的规定见表1。

从表1中可看出,除香港地铁外,其他城市轨道交通控制保护区范围一般为:地下车站和区间结构外边线外侧50 m内;地面、高架车站及区间结构(或线路轨道结构)外边线外侧30 m内;附属及配套结构外边线外侧一般为10 m内(除浙江省标准为20 m);穿越河、江和海的隧道结构外边线100 m内。

特殊的工程地质与水文地质指在该工程地质与水文地质条件下,条文中控制保护区以外的作业仍可能对市域铁路结构产生明显影响,如地基中存在压力较高的承压水。特殊的外部作业指其作业影响范围可能超过条文中控制保护区规定的距离,如下列情况:

1 深厚软土地基上的超深、超大基坑,其开挖影响范围常常超过50 m。

2 深厚软土地基上需施工密集或较深的挤土桩。

3 承压水降水作业。

4 爆破作业。

3.1.4 外部作业与市域铁路结构之间的距离越近,影响越大,安全保护的难度也越大。将外部作业控制在紧邻市域铁路结构一定范围之外,利于提高市域铁路结构安全保护的效果,这一保护区范围(部分地方标准称"特别保护区")进行的外部作业主要以城市重要基础设施项目、与市域铁路正常运营密切相关的项目等为主,主要包括下列项目:

1 重要的城市基础设施项目,如后期实施的轨道交通项目、河道、城市道路、高架道路、管道、公路及铁路隧道等。

2 邻近地下空间与市域铁路车站的连通口。

3 市域铁路运营维护、地基和结构加固等相关的施工作业。

表 1 现有行标、地标"城市轨道交通控制保护区"规定范围（m）

控制保护区范围(m) \ 轨道交通结构	城市轨道交通结构安全保护技术规范	北京市城市轨道交通安全运营管理办法	上海市轨道交通运营安全管理办法	浙江省城市轨道交通结构安全保护技术规程	广西壮族自治区城市轨道交通结构安全防护技术规程	广州市城市轨道交通管理条例	成都市城市轨道交通管理条例	佛山市城市规划管理技术规定(2015修订版)	青岛市轨道交通建设管理办法	香港地铁控制保护技术标准
地下车站及区间结构	50	50	50	50	50	50	50	50	50	
地面车站及区间结构	30	30	30	30	30	30	30	30	30	
高架车站及区间结构	30	30	30	30	30	30	30	30	30	轻轨:2～50 其他:30
附属及配套结构	10	10	10	20	10	10	10	10	10	
穿越河、江、海隧道结构	100	—	—	100	100	100	100	100	100	

注：附属及配套结构包括出入口、风亭、冷却塔、直升电梯、联络通道、区间风井、出入段线(场)、车辆段(停车场)、控制中心、主变电所和外线高压电缆管沟等。

参考部分现行地方标准中针对城市轨道交通特别保护区的规定(表2),车站主体结构及区间结构特别保护区范围均采用5 m,其他为3 m。

表2 现行地方标准"城市轨道交通特别保护区"的规定范围

轨道交通结构 \ 特别保护区范围(m)	浙江省城市轨道交通结构安全保护技术规程	成都市城市轨道交通管理条例	佛山市城市规划管理技术规定(2015修订版)	青岛市轨道交通建设管理办法
地下车站及区间结构	5	5	5	5
地面车站及区间结构	3	3	3	3
高架车站及区间结构	3	3	3	3
附属及配套结构	3	5	—	5(高压电缆沟3 m)
穿越河、江、海隧道结构	—	50	—	50

注:附属及配套结构包括出入口、风亭、冷却塔、直升电梯、联络通道、区间风井、出入段线(场)、车辆段(停车场)、控制中心、主变电所及外线高压电缆管沟等。

3.1.5 市域铁路结构在建造过程中具有一定的初始变形,也可能存在结构损伤、开裂等初始缺陷;在运营过程中,列车在长期循环荷载作用和各种外部作业的影响下,变形和结构缺陷将有所发展。因此,建立长期的安全监测、掌握市域铁路结构的服役状况等资料非常重要。通过定期对结构安全进行鉴定和评估,可以保证市域铁路结构的运营安全;同时,掌握其耐久性能,可以为确定外部作业允许的结构安全控制指标值提供依据。

3.1.6 当市域铁路分期建设时,后期市域铁路的修建对先期既有结构的不利影响主要体现在换乘站施工、后期上跨或下穿、近距离并行施工等影响。先期修建的市域铁路工程,应提前采取相应的应对措施,以降低后期修建对先期结构的不利影响。针对市域铁路换乘站,应优先考虑同步设计和同步施工,以节省工程投资,降低先、后期车站的相互影响。若同步施工难以实施,也应优先考虑同步设计,预留必要的接口,并提前做好必要的应对措施,以尽可能降低后期修建对先期既有结构的影响;若后期市域铁路车站尚未规划设计,则后期市域铁路的修建应按本标准的相关规定执行,以保证市域铁路结构的安全和正常使用。

3.2 安全控制

3.2.1 市域铁路安全保护等级主要与外部作业特点、市域铁路结构类型、外部作业与既有铁路结构的空间关系、工程地质和水文地质条件等因素相关。

安全保护等级分为一级、二级、三级、四级,其中,保护等级为四级的外部作业对既有结构的影响不明显。外部作业与市域铁路结构的空间关系是确定外部作业影响等级的重要因素,同时,工程地质和水文地质条件也影响等级的确定。

3.2.3 本条主要根据外部作业的特点与市域铁路结构类型,结合上海地区的工程经验,对外部作业与市域铁路结构的最小净距作出规定。另外,上海地区主要为软土地基,外部作业易对既有结构造成影响,如超载的大型车辆在控制保护区附近行驶、违规堆土等行为,易造成盾构隧道收敛变形过大、结构开裂甚至渗水、桥梁偏移等。因此,实际工程中,应加强市域铁路控制保护区的堆载、车辆和大型设备控制;市域铁路控制保护区内的钻孔、桩基施工、地基加固等作业应对定位和垂直度进行严格复核,避免因测量失误造成钻头直接损伤市域铁路地下结构等事故。

3.2.5 参考高速铁路 200 km/h～250 km/h 无砟轨道线路静态几何尺寸容许偏差管理值,见表 3。从表中可看出,当高低、水平为 5 mm,轨向为 4 mm 时就应经常保养。一般情况下,运营后的市域铁路线路已有轨道几何尺寸偏差,而外部作业也会进一步影响轨道的平顺性。因此,线路轨道静态几何尺寸的容许偏差管理值应始终处于保养合格限值内,以确保市域铁路的运营安全。

表3 200 km/h～250 km/h线路无砟轨道静态几何尺寸容许偏差管理值

项目	作业验收	经常保养	临时补修	限速(160 km/h)
轨距(mm)	+1 −1	+4 −2	+6 −4	+8 −6
水平(mm)	2	5	8	10
高低(mm)	2	5	8	11
轨向(直线)(mm)	2	4	7	9
扭曲(mm/3 m)	2	4	6	8
轨距变化率	1/1 500	1/1 000	—	

注:1 高低和轨向偏差为10 m及以下弦测量的最大矢度值。
  2 扭曲偏差不含曲线超高顺坡造成的扭曲量。

3.2.6 高速铁路、城际铁路和地铁等路基、桥梁的沉降控制标准见表4和表5。

从表4和表5可看出,采用有砟轨道的路基和桥梁,工后沉降限值与设计速度有关。如速度250 km/h的高速铁路,一般地段的路基工后沉降限值为100 mm,路桥过渡段50 mm;速度160 km/h的城际铁路,一般地段200 mm,路桥过渡段100 mm。高速铁路桥梁墩台工后沉降限值中,墩台均匀沉降30 mm,相邻墩台沉降差15 mm;速度160 km/h的城际铁路,墩台均匀沉降80 mm,相邻墩台沉降差40 mm。

对于采用无砟轨道的路基和桥梁,工后沉降限值则比有砟轨道严格得多,主要与扣件的可调范围有关。对于调高量为30 mm的扣件,扣除施工误差+6 mm/−4 mm,仅有20 mm可以调整,因此,高速铁路和城际铁路桥梁墩台工后沉降就是20 mm。如果沉降量大于20 mm,将不能调整到原来的轨面高程。对于路基,还需考虑列车运行后预留5 mm余量,实际留给运营期间路基沉降的允许调整量仅为15 mm。所以,无论是高速铁路还是城际铁路,路基工后沉降均为15 mm。

表4 路基工后沉降限值

序号	标准或设计速度(km/h)		有砟轨道			无砟轨道		
			一般地段工后沉降(mm)	路桥过渡段工后沉降(mm)	沉降速率(mm/年)	工后沉降(mm)	过渡段交界处差异沉降(mm)	差异沉降造成的折角
1	《高速铁路设计规范》TB 10621—2014	350、300	50	30	20	15	5	1/1 000
		250	100	50	30			
2	《城际铁路设计规范》TB 10623—2014	200	150	80	40	15	5	1/1 000
		160、120	200	100	50			
3	《地铁设计规范》GB 50157—2013	≤100	200	100	50	—	10	1/1 000
4	《上海市城铁路设计规范(试行)》T/SHJX 002—2018	200	150	80	40	15	5	1/1 000
		160、120	200	100	50			
5	上海机场线	160		—		15	5	1/1 000

表 5 桥梁静定结构墩台基础工后沉降限值

序号	标准或设计速度(km/h)		有砟轨道		无砟轨道	
			墩台均匀沉降	相邻墩台沉降差(mm)	墩台均匀沉降	相邻墩台沉降差(mm)
1	《高速铁路设计规范》TB 10621—2014	300~350	30	15	20	5
		250				
2	《城际铁路设计规范》TB 10623—2014	200	50	20	20	10
		160,120	80	40		
3	《地铁设计规范》GB 50157—2013	≤100	—	20	—	10
4	《上海市域铁路设计规范(试行)》T/SHJX 002—2018	200	50	20	20	10
		160,120	80	40		
5	上海机场线	160	—		20	10

注:桥梁超静定结构相邻墩台沉降差,除应满足上述规定外,尚应根据沉降差对结构产生的附加应力影响确定。

无砟轨道铺设后,路基和桥梁如发生不均匀沉降,将会使轨道结构产生变形附加应力,在列车长期动荷载作用下可能发生轨道结构性开裂,影响其耐久性甚至安全性,加上无砟轨道整治和维修很困难,因此,无砟轨道外部作业允许产生的变形控制较有砟轨道更严格。

同济大学在"高速铁路桥梁桥墩位移对轨道平顺性影响及控制指标"课题中,研究了32 m简支梁桥梁墩顶发生竖向、横向水平、纵向水平位移时,对轨道平顺性及轨道结构内力的影响。研究选取5墩共4跨,采用CRTS I型板式轨道、CRTS II型板式轨道,见图1。当3#桥墩发生位移时,通过研究发现:

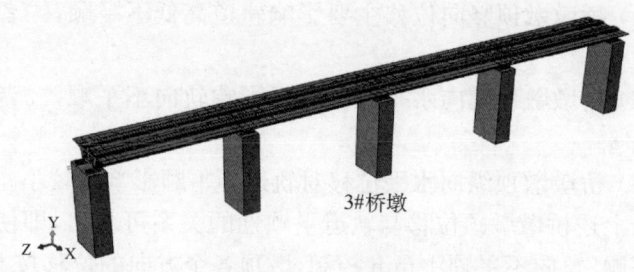

图1 无砟轨道简支梁空间有限元模型

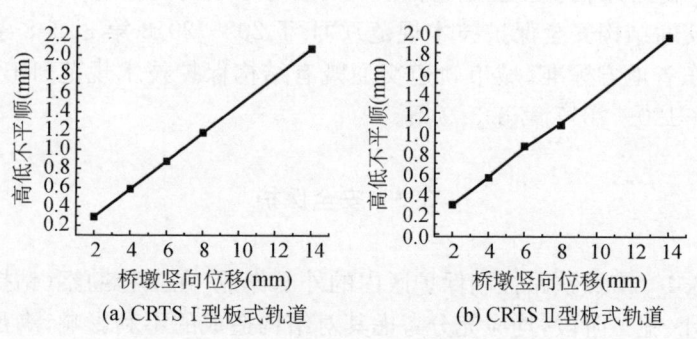

(a) CRTS I型板式轨道　　(b) CRTS II型板式轨道

图2 墩顶竖向位移与高低不平顺的关系

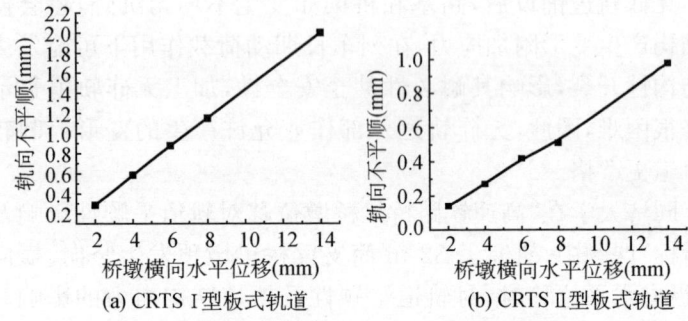

图 3 墩顶横向水平位移与轨向不平顺的关系

（1）桥墩墩顶竖向位移主要影响轨道高低不平顺，二者的关系见图2。

（2）桥墩墩顶横向水平位移主要影响轨向不平顺，二者的关系见图3。

（3）桥墩墩顶纵向水平位移对轨道不平顺影响均较小。

从上述桥墩墩顶位移与轨道平顺性的关系可看出，即使按高低不平顺、轨向不平顺1 mm控制，墩顶各个方向的位移按6 mm控制也是可以接受的。

隧道结构安全控制指标值主要参考了现行行业标准《城市轨道交通结构安全保护技术规范》CJJ/T 202—2013 第3.2.8条和广东省地方标准《城市轨道交通既有结构保护技术规范》DBJ/T 15—120—2017 第3.3.9条。

3.3 安全保护

3.3.1 市域铁路控制保护区内的外部作业，在工程勘察（钻探）、设计、施工阶段，均应充分考虑其对结构造成的不利影响，满足铁路结构的安全控制标准。

3.3.2 保护等级为一级、二级的外部作业，可能会引起市域铁路结构的原设计荷载和边界条件等发生改变。对于外部作业改变市域铁路结构周边地层应力状态，或改变结构最初设计时所采用的边界条件等情况，都应重新核算新条件下结构的安全性。若安全评估结果表明，外部作业不能满足结构安全要求，则应采取相应的加固和控制措施，否则不得进行该外部作业。对市域铁路结构影响较大的外部作业，应在作业前制定应急预案，确保一旦出现险情可以及时采取应急措施，防止险情恶化，避免对结构造成无法修复的损害。

3.3.5 由于部分外部作业是临时工程，其安全系数相对较低，考虑到保证市域铁路的安全要求，应避免外部作业发生险情。即使外部作业出现险情时，也不得影响市域铁路结构的安全。例如市域铁路控制保护区内的基坑工程，由于属于临时工程，其设计使用年限一般较短，当超过其设计使用年限时，应重新评估基坑支护的可靠性，并采取相应的措施，以确保市域铁路结构的安全。

对于外部作业自身可能出现的险情，如支护结构破坏、桩基成孔坍土、土体失稳或变位过大等，外部作业的设计方案和施工过程须严格控制，不得违规操作，确保即使外部作业发生险情时，也应优先保护市域铁路结构的安全。

3.3.6 在市域铁路控制保护区内进行加载或卸载作业，如在铁路侧方堆土、堆放重型施工机械，邻近区域进行开挖卸土等，将可能影响市域铁路结构的正常使用和结构安全，因此，应进行结构安全验算。

3.3.7 上跨市域铁路结构的外部作业应采取有效措施防止坠物；应避免在净高小于、略高于施工车辆或施工设备高度的高架结构下方设置施工便道，保障市域铁路行车安全；不应向地势低的市域铁路地面结构和高架结构区域排水。

4 外部基坑工程

4.1 一般规定

4.1.1 基坑工程是支护结构施工、降水、基坑开挖、支撑拆除的系统工程，其对市域铁路结构的影响是多方面的，主要包括：支护结构施工扰动或土体损失引起周边土体软化或应力场改变，导致市域铁路结构产生附加应力和变形；长时间、大范围降低地下水可能会引起地表沉降，对市域铁路结构产生附加位移；基坑开挖时产生的不平衡力、软黏土蠕变和坑外水土流失引起围护结构向坑内移动、地表沉降和坑底隆起，从而导致周边地下结构的侧移、沉降等。因此，控制保护区范围的外部基坑工程设计与施工时，应综合考虑支护结构施工、降水及基坑开挖、支撑拆除等对市域铁路结构的影响。因此，实施前应编制针对市域铁路结构保护的专项设计方案和施工方案，施工方案应包括应急预案内容。

4.1.2 旁侧基坑及上方基坑施工对市域铁路的影响模式不同，相应的设计与施工措施也会有差异。以盾构法隧道为例，旁侧基坑开挖时，受侧方卸载的影响，隧道主要产生水平方向位移，隧道横截面主要趋于横鸭蛋形，收敛变形更难控制。为减小隧道变形，旁侧基坑设计时宜采用整体侧向刚度较大的支护结构体系，采用高预应力支撑和坑内土体加固措施。而上方基坑开挖时，由于卸荷，隧道结构整体表现为向上隆起，横截面多趋于竖鸭蛋形，此时，基坑应加强抗隆起约束设计，对坑底土体进行加固。

市域铁路结构对变形的控制要求十分严格，为确保结构安全，宜采取分坑措施将基坑分为旁侧基坑和上方基坑，一方面可根据被保护对象的结构变形模式采取针对性的控制措施，另一方面也可以减小不同变形模式的叠加影响效应。此外,当基坑平面形状不规则时,分坑时宜在基坑的变形控制不利位置(如向坑内的阳角部位)设分隔墙,并增强加固措施。

上海是软土地区,基坑开挖面积越大,施工时间就越长,累计变形控制难度就越大,对设计与施工的要求也就越高。为达到变形控制目的,采取分坑措施限制单体基坑的面积是十分必要及有效的方法。

4.1.3 基坑开挖对市域铁路结构的影响程度与市域铁路结构类型、工程地质和水文地质条件、基坑开挖深度、二者的水平净距以及基坑面积等因素有关。为便于技术控制,借鉴上海地区地铁和市政高架保护区的基坑工程影响经验,编制本标准附录A。附录A主要根据市域铁路结构类型、基坑开挖深度及水平净距来确定市域铁路结构安全保护等级,根据隔水不同,保护等级可适当调整;基坑面积也是重要的影响因素,宜在分坑措施中体现。

对于安全保护等级变化的相邻部位,若采用不同的支护形式,其结合处应考虑相邻支护结构的相互影响;若相邻部位的设计措施差异较大,又缺乏有效的过渡措施,可能会对基坑本身的安全性产生影响。

4.1.4 市域铁路结构安全保护等级为一级、二级时,应严格控制基坑变形,可采用分条坑措施;采用抗变形能力强且截水效果好的支护结构体系,如整体刚度较大的地下连续墙加预应力支撑;此外,也可以结合其他变形控制措施,如加固被动区土体、在围护结构与保护对象间设置隔离设施、采取有效的地下水控制措施以及基于时空效应控制基坑施工等。

4.1.6 大量工程实践表明,基坑围护结构、截水帷幕、地基加固等施工扰动对邻近结构的影响是不可忽略的,上海地区发生过围护结构施工阶段即引起周边建筑物下沉3 cm~8 cm的案例。因此,在成桩(墙)施工前,宜通过数值模拟或工程类比等方法预先评估该部分的影响,并在试成桩(墙)过程中及时调整施工工艺及

施工参数。围护结构施工常采取下列控制措施:

1 粉性土或砂土地层中地下连续墙施工,可综合采取槽壁加固、提高泥浆液面、控制单元墙幅长度等措施保证槽壁稳定。

2 粉性土或砂土地层中钻孔灌注桩施工,可采取搅拌桩内套打、提高泥浆比重、采用优质泥浆护壁、间隔成桩等措施保证成孔质量,避免槽壁坍塌。

3 搅拌桩类水泥土桩墙宜优先采用施工扰动小的工艺,且其施工速度应根据与市域铁路设施的距离、相对深度、工程地质和水文地质条件等因素严格控制,减少施工扰动对周边环境的影响。

4.1.7 邻近市域铁路结构侧的基坑围护结构与其地下室外墙间空隙常常被忽视,回填土质量差,支撑拆除后容易出现更大的水平位移,且其防渗不佳,故针对不同的安全保护等级,采用不同严格程度的回填要求。

4.2 旁侧基坑

4.2.1 基坑距离市域铁路结构太近时,由于施工扰动等因素,市域铁路结构变形控制难度很大,故提出基坑与市域铁路结构的退界距离要求。

本标准表 E.0.1 主要是基于下列几点考虑:

1 通过控制单体基坑面积和长度,可以较好地减小因时空效应引起的基坑变形。一般的基坑工程常常由施工方通过分段分层方式来体现时空效应,实践表明,这种方式的人为因素影响大,实际操作的控制难度大。

2 "$L_2 < 25$ m"主要针对旁侧基坑开挖深度超过 8 m 且基坑距离较近的情况,当基坑分区宽度小于 25 m 时,通过设置伺服轴力自动补偿系统钢支撑,可有效控制基坑变形,上海地区已有成熟的应用经验。

3 控制保护区以外的超深基坑(深度大于 20 m)平面尺寸控制应结合项目特点,通过专项研究确定。

4.2.2、4.2.3 对于旁侧基坑,加强围护刚度、坑内加固以及采用可靠的预应力支撑是控制基坑变形的有效方式。

目前,上海地区开始采用预应力混凝土支撑技术,且可以结合伺服轴力自动补偿系统。该技术可以在开挖前对混凝土支撑预先施加预应力,可以大幅减小70%左右的混凝土支撑的受力变形,也可以消除混凝土支撑收缩变形、徐变。该技术已在多个地铁保护区深基坑应用,围护墙变形可以减小50%左右。

临市域铁路结构侧的基坑进行裙边加固时,加固体的布置可采用格栅状或连续搭接成实体的形式;当市域铁路结构安全保护等级为一级时,为尽可能地减小围护结构变形,加固体应采用实体形式。

4.2.4 本标准表 E.0.2 是基于软土地区时空效应原理和实践,借鉴上海地铁保护区内基坑的施工技术经验提出比较定量的控制手段,并考虑市域铁路盾构直径大、埋深深的特点而适当调整,需要继续总结完善。

4.3 上方基坑

4.3.1 上方基坑的坑底隆起对盾构隧道影响很大,通过分坑措施,可以大幅度限制卸荷比,从而控制隧道的位移和变形。

4.3.2 上方基坑的坑底隆起对市域铁路影响最大。故有条件时,提前设置桩基础,基坑开挖到底时,快速浇筑垫层和底板,能很好地约束基坑的隆起。

围护结构和桩基施工条件恶劣,成桩施工时应充分考虑桩架自重、成桩扰动及动力作用等引起的地基变形对市域铁路结构的不利影响。建议选择重量轻、性能良好的施工机械,并通过铺设路基板等措施扩散荷载;针对上海软土地基情况,应严格控制成桩次序及速度,减少扰动市域铁路结构周边土体。

4.3.3 本标准表E.0.3是基于软土地区时空效应原理和实践,借鉴上海地铁保护区内上方基坑的施工技术经验提出的比较定量的控制手段,并考虑市域铁路盾构直径大、埋深深的特点而适当调整,需要继续总结完善。

4.4 地下水作业

4.4.1 市域铁路结构附近地层一旦发生流砂、管涌等渗流破坏,往往难以及时采取有效的处理措施,易对市域铁路结构产生较大危害。

上海地区浅层一般为软土层,地下水降水首先会诱发地层产生附加应力,增加地下结构的外壁压力,从而诱发结构发生新的变形;其次,降水会导致地表沉降,进而诱发结构发生竖向位移,尤其是软土层灵敏度较高,水位下降引起的沉降较大。而市域铁路结构变形控制要求严格,所以地下水作业必须预先评估和过程监控。

4.4.2 目前,地下水控制方法包括截水、降水和地下水回灌。基坑工程一般采取截水和降水,但部分工程由于地层原因存在承压水问题,考虑到承压水降压容易导致市域铁路地下结构出现变形,故优先设置截水帷幕隔断承压含水层;若难以隔断,为控制基坑周边地下水位下降引起的地面沉降,则需增加坑外地下水回灌措施,以控制坑外地下水位(承压水头)波动幅度。截水帷幕若选择质量不可靠的工艺,容易出现渗漏、流砂现象。每种截水帷幕都有其适合的施工深度。

4.4.3 承压水减压降水一旦出现断电故障,容易出现突涌事故,故承压水减压降水应设置双电源,并遵循按需降水原则。对基坑分层分区降水可减少抽水量,减小对周边环境的影响。对封闭式截水帷幕,预先进行坑内预降水试验以检查截水帷幕质量是简单有效的方法。承压水减压降水试验及预降水试验应符合现行上海市工程建设规范《建设工程水文地质勘察标准》DG/TJ 08—2308—2019 的规定,试验可以检验止水帷幕的效果,同时获取水位、水量、渗透系数等承压水水文地质参数,复核降水设计条件,为降水运行方案的编制和按需降水提供依据。

5 外部隧道工程

5.1 一般规定

5.1.2 隧道施工对市域铁路结构的影响除与隧道直径大小、工程和水文地质条件有关外,主要与市域铁路结构形式、外部隧道埋深以及二者的水平净距有关。如上海市域铁路的无砟轨道路基或桥梁结构都采用了桩基础,外部隧道施工时,一方面会使桩基产生侧向变形从而导致路基或桥梁发生水平向位移;另一方面,隧道上方的土体沉降也会使路基或桥梁桩基产生负摩阻力,不仅影响桩基的承载力,而且会导致路基或桥梁产生沉降。其负摩阻力的大小及对桩基承载力的影响程度主要取决于隧道与桩基的净距、隧道底的埋深(与市域铁路结构桩基础桩端的比值)大小。

5.1.5 根据上海已有的经验,并行隧道区间段最小净距一般不小于 $1.0D_e$;新建隧道与已建隧道近距离交叉时,垂直最小净距不宜小于 $0.4D_e$。当以小偏角斜交、影响范围较大时,净距应适当增加。如条件受限,采用更小净距施工时,应采取有效的技术措施,确保工程安全。

5.1.6 隧道施工对市域铁路结构影响的控制效果与合理的施工参数设置极为相关。考虑到地质参数的变异性,为达到最佳的施工控制效果,需在隧道进入市域铁路影响区前设置试验段,以获得最佳的施工参数。

5.1.7 隧道同步注浆浆液主要有惰性浆液、可硬性浆液、双液浆和高重度抗剪切浆液等。市域铁路工程对环境地表沉降和隧道变形有严格要求,一般不宜采用惰性浆液,宜选用高重度抗剪切浆液。同步注浆的充填系数可取1.2~2.5。压浆设备应根据浆液性质合理选用，注浆施工应及时、适量、均匀。

盾构同步注浆完成后，浆液初期仍处于液相流动状态。随着盾构施工的进行和时间的推移，浆液在管片和土体的共同作用下，向土体排水固结硬化，浆体产生收缩变形，逐渐凝结为固体状态。外部隧道下穿既有市域铁路隧道时，尤其应控制同步注浆加固体的收缩变形，建议掺入适当的添加剂，优先选用水灰比小、保水性能好的浆液。

隧道施工时宜采用地表沉降监测信息反馈，结合洞内超声波探测壁后有无空洞的方法，综合判断是否需要进行二次注浆。注浆过程应连续进行，防止浆液凝结，堵塞管路。注浆孔注浆宜从隧道两腰开始，注完底部再注顶部，当有条件时也可多点同时进行。

考虑到特殊保护要求区域内的注浆效果，可在管片上增加设置注浆孔，用于控制后期地层变形。

5.2 穿越隧道

5.2.1 隧道曲线半径小于50倍施工隧道直径时，必须根据地层条件，结合超挖量、壁后注浆等制定纠偏措施，并注意防止推进反力引起隧道和地层的变形。同时，已有盾构施工实践表明，竖曲线和平曲线叠加段的姿态控制及成型管片质量容易出现问题，宜在线型设计上予以避免。

5.2.2 上海市域铁路对无砟轨道路基工后沉降要求极其严格，路基都采用了桩基础。如隧道在桩基下穿越，易引起桩基沉降，并影响桩基的承载能力；另外会增加轨道结构内力，影响轨面平顺性。

5.2.3 顶管法被广泛应用于排水管道、通信管道等工程。当下穿隧道位于透水性砂层时，采用顶管工艺有管涌或流砂风险；对软土地层，顶管法具有一定的挤土效应。注浆减摩是顶管施工中的一个重要环节，尽管近年来随着注浆材料和工艺的不断提高和完善，顶管施工对地面建（构）筑物的影响得到了有效的改善。但市域铁路总体上对沉降要求较严格，因此，仍不建议采用顶管法下穿既有市域铁路地下结构。

6 外部其他工程

6.1 浅基础与桩基础

6.1.1 根据上海地区运营地铁隧道结构安全管理经验,上海软土地区盾构隧道变形对于上方的附加荷载较敏感,影响程度与荷载大小、分布、隧道埋深及地质条件等因素有关,典型案例如下。

案例1:某地铁区间上方地坪加固对隧道影响

由于邻近工程的施工便道加固,地铁隧道(顶埋深约24 m)上方加高了30 cm的混凝土平台,通过监护数据发现,地铁隧道自2013年9月中旬至2014年5月持续发生下沉,隧道收敛最大增加量超过16 mm。

案例2:某地铁区间上方桥梁引桥路基对隧道的影响

某区间隧道顶埋深约16 m,受新建桥梁引桥基础荷载(约2 m高路基填土)影响,引桥下方隧道累计收敛持续增大,累计超过12 cm。

目前,上海地铁管理单位对于隧道上方的附加荷载控制较为谨慎,市域铁路隧道的变形控制要求较地铁更加严格,因此,浅基础设计应充分考虑浅基础附加荷载对市域铁路结构的影响。

6.1.3 由于搅拌桩、旋喷桩等地基处理方法会改变土体的应力状态,使邻近区域土体产生较大的变形,其近距离作业对市域铁路结构的影响较大,因此,宜通过试验段施工进行专项安全评估。

6.1.4 在上部结构荷载作用下,桩周土体的应力和位移发生变化,对市域铁路结构的影响具体表现为拖带沉降,根据上海10余栋超高层建筑长期沉降与邻近地铁隧道沉降对比发现,群体超高层桩基拖带沉降的叠加效应明显。

6.1.9 桩端及桩侧注浆工艺目前在灌注桩中应用较普遍,尤其大面积注浆施工时会引起土体应力的重分布,如果注浆工艺不合理,浆液有可能直接对市域铁路结构产生影响。

6.2 道路与地下管线

6.2.1 为防止超高超限车辆碰撞市域铁路桥涵结构,需加强道路交通安全设施的设置。除警示标志、限高和限宽标志等标志牌外,还应采取可靠的限高龙门架、防撞设施等安全工程措施,以消除道路上行驶车辆对市域铁路桥涵结构产生碰撞的安全隐患。

6.2.2 在市域铁路控制保护区内的道路建设,可能会对市域铁路结构产生附加应力及变形变化,从而影响其结构安全及运营安全。因此,在道路的设计与施工中,必须综合考虑施工期间的各种荷载变化、建成运营后的永久荷载及动荷载对市域铁路结构的附加应力及变形的影响。

6.2.3 管线的最小覆土深度除应符合相关管线设计规范外,同时还需考虑对市域铁路结构的影响。管线埋设开挖较浅时,为满足最小覆土要求,需进行填土,超出原地面标高时,需考虑填土产生的附加荷载对市域铁路结构的影响;顶管法施工穿越市域铁路高架桥墩附近时,如因覆土太小而发生背土现象,需考虑桥墩周边土体扰动对市域铁路高架的影响。

6.2.6 上海市域铁路对无砟轨道路基工后沉降要求极其严格,路基都采用了桩基础,管线在桩基下穿越,易引起桩基沉降,并影响桩基的承载能力。

6.2.7 由于市域铁路地下结构对于扰动比较敏感,定向钻施工会持续扰动周边土体且标高不易控制,故不宜采用。

6.2.8 油气管线包括油气输送管道、热力管道及城镇燃气管道等。

本条第1款参照《上海铁路局路外管线穿越铁路管理办法》第五条第3款,对油气管线在市域铁路部分特殊区域下穿进行了限制性规定执行。

油气管线穿越市域铁路采用外加保护套管的方式通过,套管与管线之间充砂注浆填实,能减小气体、液体管线发生泄漏的可能,进而减小对市域铁路可能产生的不利影响。

本条第3款和第4款参照《油气输送管道与铁路交汇工程技术及管理规定》(国能油气〔2015〕392号)的规定执行。

6.2.9 鉴于穿越管线存在渗漏、被引燃及爆炸等危及铁路安全的可能,油气管线需在市域铁路控制保护区两端设置截止阀及检漏设施,以便必要时切断油、气通过,进行整治抢修,控制风险,减小对市域铁路可能产生的不利影响。

6.2.10 非开挖施工对周边环境影响较小,采用非开挖施工可以减少对市域铁路的影响。

6.2.11 顶管在进出洞时最易产生渗漏等事故,因此,在进出洞时应有必要的加固措施。顶管施工过程采取全管节持续注浆,以形成完整的泥浆环套,可以有效减小顶进施工过程对土体的扰动。

6.2.12 为防止导向孔钻进过程中钻头偏移而损伤市域铁路结构,应严格保证导向精度。施工结束后,管线与回扩孔之间的空隙如果处理不当,周边土体会出现下沉,引起工后沉降。

6.3 上跨桥梁工程

6.3.2 本条第1款参照行业标准《公路与市政工程下穿高速铁路技术规程》TB 10182—2017第3.0.11条执行。在不同的地层条件下,随着钻孔灌注桩与铁路桥梁基桩距离的减小,铁路桩基的最大水平位移均呈加快增长趋势,并且地质条件越差,增长速率越快。在地质条件较好的地层中(如徐州地区、合肥地区,地层基本承载力大于 150 kPa），当钻孔灌注桩与铁路桥梁桩基的距离超过 $4d_p$（d_p 为新建桩的直径）后，钻孔灌注桩施工对铁路桥梁影响已很小；在地质条件差的地层中（如宁波地区、上海地区、苏州地区，地层基本承载力 50 kPa～80 kPa），距离超过 $6d_p$ 后，钻孔灌注桩施工对铁路桥梁影响较小；在深厚层软土的温州地区（基本承载力 30 kPa），二者之间的距离大于 $8d_p$ 后，对铁路桥梁的影响较小。

6.3.4、6.3.5 此 2 条参照现行行业标准《铁路桥涵设计规范》TB 10002—2017 第 3.7.3 条执行。上跨铁路的公路桥，其跨线及相邻桥跨结构设计除满足公（道）路相关设计标准的规定外，尚宜符合下列规定：

1 安全等级采用一级，结构重要性系数为 1.1。

2 汽车设计荷载采用相应标准设计荷载的 1.3 倍。

3 抗震设防类别按不低于公路（城市）桥梁抗震设计标准中规定的 B（乙）类采用，并满足现行国家标准《铁路工程抗震设计规范》GB 50111 的相关要求。

4 梁部结构宜采用整体箱梁。采用其他结构形式时，还要采取措施加强结构的整体性。

6.3.6 上跨铁路立交桥的新建公（道）路桥梁，根据上跨桥梁桥面布置不同，需至少设置 1 道防护，桥梁护栏按不低于现行行业标准《公路交通安全设施设计规范》JTG D81 规定的最高防撞等级进行设计。其安全防护符合下列规定：

1 有非机动车道（人行道）时的防护

当公路或城市道路有非机动车道、人行道时，人行道及非机动车道可作为防撞缓冲带，能承托机动车撞击护栏后的抛掷物。桥面半幅横断面布置如图 4 所示。

2 仅有机动车道时的防护

当公路或城市道路无非机动车道、人行道时，例如高速公路、城市快速路等，桥面半幅横断面布置如图 5 所示。

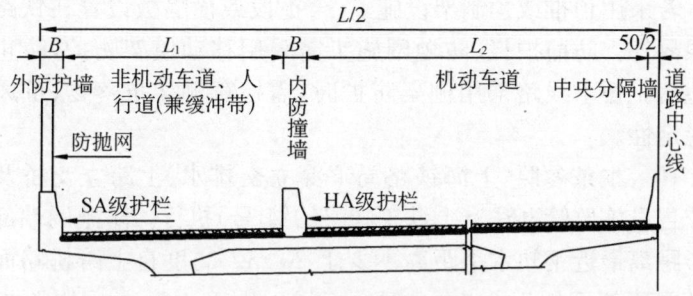

图 4 有非机动车道(人行道)桥面半幅横断面布置(cm)

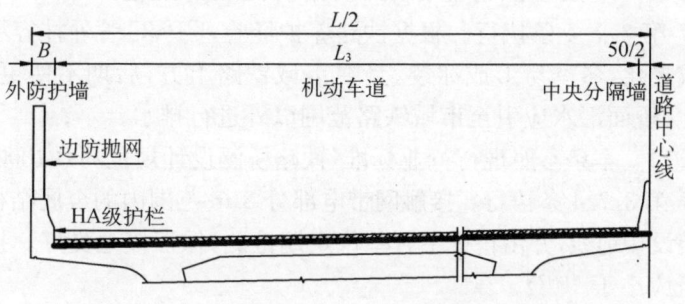

图 5 仅有机动车道桥面半幅横断面布置(cm)

6.3.7 本条参考《国铁集团工电部关于加强穿(跨)越铁路营业线和邻近营业线工程方案等审查和施工安全管理的通知》(工电桥房函〔2020〕48号)执行。公路、城市轨道交通和道路上跨高速铁路及其相关联络线和动车走行线的路基、桥涵地段,以及上跨开行客车的普速铁路的路基、桥涵地段,桥梁施工应优先采用转体施工方案。受场地条件限制,上跨桥梁施工无法采用转体施工方案时,设计文件中必须充分说明理由,并经专家论证会论证。公路、城市轨道交通和道路上跨铁路的桥梁不应采用T梁。

6.3.9 转体工程施工需在1个天窗点完成。转体未完成时,球铰无法完全锁定,结构存在稳定问题。

若采用顶推或预制架设施工,合拢段或横隔板设置在铁路建筑限界外。防撞护栏、防抛网施工需采用移动模架防护,防止异物坠落。桥下线路采用棚架防护时,需检算棚架抗落物、抗风雨雪稳定性。

6.3.10 本条参照《上海铁路局下穿立交排水、上跨立交桥及桥涵广告设施监管办法》(上铁工〔2015〕21号)执行。防抛网端部正投影距离最近钢轨水平距离不少于20 m。高度自上跨桥路面至防抛网顶部不低于2.5 m;钢丝直径不小于4 mm,网眼不大于2.5 cm×2.5 cm。

6.3.11 本条参照行业标准《铁路桥涵设计规范》TB 10002—2017第3.7.4条执行。根据铁路养护经验,UPVC管外挂容易坠落或老化,冬季易形成冰凌,且在市域铁路上方,后期不便更换,因此,桥面汇水应引至市域铁路范围以外进行排水。

6.3.12 本条参照现行行业标准《铁路桥涵设计规范》TB 10002—2017第3.7.4条执行。接触网带电部分5 m范围内的金属结构均要装设接地线,并由桥梁主管单位定期检测,保证接地良好。接地电阻应小于10 Ω。

6.4 其他作业

6.4.1 勘察孔未进行有效封堵时,容易形成潜水和承压水的上升通道,影响市域铁路结构安全。

6.4.3 市域铁路控制保护区内的冻结法作业,土体的冻融循环会产生冻胀融沉,从而产生对市域铁路结构的不利影响,应采取相应措施,如增大冻结速度、控制冻结范围、控制水分迁移量、设置压力释放孔、注浆充填、工作面释放水和强制解冻等,以解决冻胀融沉问题。

6.4.4 对于邻近高边坡、高挡墙等构筑物的市域铁路地面或高架结构,应防止外部作业导致高边坡和高挡墙发生坍塌等,进而危及市域铁路既有结构安全和行车安全。

市域铁路结构邻近高边坡、高挡墙时,应对边坡稳定进行验算,并采取边坡支护措施,以保障市域铁路结构安全。

6.4.5 由于位于江河底部的地下结构所处环境较为复杂,且地质状况较难探明,因此,对船只的抛锚、拖锚等作业与既有地下结构的距离进行严格控制是必要的。

船只的抛锚、拖锚作业净距控制管理值应大于100 m,航道的清淤疏浚作业应保证市域铁路结构上方覆土不小于设计厚度。

6.4.6 在市域铁路控制保护区内进行结构拆除作业时,如基坑支撑结构的拆除,应尽量采取冲击、振动小的作业方案,如切割等工法,减小对市域铁路既有结构的影响。拆除支撑时,应采取措施确保市域铁路既有结构和人员安全。

6.4.7 对上跨市域铁路结构的外部作业,应采取有效措施防止坠物。

为防止高空坠物对市域铁路地面结构和高架结构造成损坏,塔吊等起重吊装设备作业半径不应与市域铁路特别保护区范围有重叠,且应有防止其向市域铁路线路倾倒的措施。

6.4.8 根据《国铁集团工电部关于加强穿(跨)越铁路营业线和邻近营业线工程方案等审查和施工安全管理的通知》(工电桥房函〔2020〕48号),管道不应跨越高速铁路及其相关联络线和动车走行线,不宜在其他铁路上方跨越。

7 安全评估

7.1 一般规定

7.1.1 除有特殊要求的市域铁路结构安全保护等级为四级的外部作业，其他四级的外部作业可不进行安全评估，但外部作业方案、监测方案应按正常程序进行审查。

7.1.3 预评估主要是在判别既有结构健康状况的基础上确定结构安全控制指标值，评估外部作业方案的可行性，提出市域铁路安全保护措施建议。

7.1.4 预评估前，对市域铁路结构采取现状调查、监测、测量和结构验算等手段，目的是掌握市域铁路结构的当前安全状态，评估结构的抗变形能力和承载能力，并确定相应的结构安全控制指标值。现状调查主要指对施工质量缺陷的调查，如市域铁路结构裂缝以及渗漏水情况等。

7.1.5 采用多种手段（包括理论分析、数值模拟、类比法等）分析外部作业引起的市域铁路结构的内力和变形，包括水平位移、竖向变形以及收敛等，判断相应指标是否满足结构安全控制指标值。

外部作业影响预评估可采取下列思路：

1 建立土与结构、荷载相互作用计算模型，考虑周边卸载或超载、水位变化等风险影响因素，对外部作业的施工过程、使用阶段主要工况进行模拟分析，预测外部作业引起的既有结构变形及内力。

2 当计算结果表明既有结构不安全或变形（内力）预测值超过控制值时，应调整外部作业方案，重新制定保护措施，再次进行预评估,直至外部作业方案可行。

3 提出保障既有结构安全的控制措施建议,包括既有结构位移和内力控制值、地下水位下降控制值、外部作业保护措施等;提出相关监测要求建议,如监测范围、监测内容、监测断面和监测点布置、特殊监测项目等。

7.1.6 在外部作业施工过程中,既有结构如发生了较大变形或出现病害,需要过程安全评估。应评估既有结构的当前状态和继续抗变形能力、承载能力,评定后续外部作业施工方案和市域铁路结构保护方案的可行性。必要时,可根据分析结果及时修正安全控制指标,要求外部作业重新制定既有结构保护方案或增加保护措施,甚至调整设计或施工方案。评估单位需根据新的设计或施工方案重新评估其可行性。

7.1.7 外部作业影响后评估是在外部作业完成后,评估市域铁路的结构安全。因需要后评估的市域铁路结构在施工过程中已发生过较大变形或出现病害,所以应进行既有结构调查、检测,并进行结构验算,评估既有结构的抗变形能力和承载性能,提出处理意见和建议。必要时,提出既有结构的修复措施。

7.1.8 对市域铁路结构有重大影响的外部作业设计方案,应落实安全评估成果中的市域铁路结构保护措施和市域铁路结构监测的建议。市域铁路保护专项技术方案在审查通过后,如存在改变工法、发现地质条件不符等情况,应重新论证变更方案的可行性。

7.2 技术要求

7.2.1 市域铁路控制保护区内出现的时空相近、可能交叉影响的多项外部作业,如多个基坑工程,由于业主可能不相同,设计和实施方案难以保证同步进行,可能出现多种不利组合。应根据其时空特点,充分考虑多项外部作业的叠加影响,以保证最不利工况条件下,也能保证既有结构的安全和正常运营。

8 监 测

8.1 一般规定

8.1.1 通过对外部作业进行过程监控,可动态掌握外部作业对市域铁路结构的影响,及时采取针对性的防控措施,保障市域铁路结构的安全。

8.1.3 自动化监测可采用全站仪、静力水准仪、电水平尺、测距传感器、卫星定位自动化监测等监测手段。全站仪自动化监测适用于三维坐标监测,可用于水平位移监测、隧道内收敛监测、沉降监测、倾斜监测等;静力水准仪自动化监测适用于沉降监测;电水平尺测量适用于沉降测量和倾斜测量等。

巡视检查主要检查结构裂缝、渗漏水、错台等;检查方法以目测为主,可辅以锤、钎、量尺、放大镜等工器具以及摄像、摄影等设备进行。

8.1.4 监测方案是监测单位实施监测的重要技术依据和文件,是保证监测质量的重要前提。应依据外部作业对结构的影响特征、结构的安全保护要求、外部作业实施前所开展的安全评估成果和所选监测项目、监测仪器、监测组织以及国家现行相关技术标准编制监测方案。监测方案中还应包括在外部作业实施前,采用仪器和人工巡视相结合的方法,对市域铁路结构现有状况进行影像、照片、文字、测量数据等全方位定量、定性记录和确认,如现有结构裂缝的长度、宽度测量,渗漏水的位置和面积,修补痕迹等记录,以便于比较得出外部作业对市域铁路结构影响的量值、速率、性质等。

8.2 监测项目

8.2.3 监测的基准点应设置在变形影响区域以外,且需位置稳固可靠、易于长期保存。变形、变位监测网的基准点应至少设置3个。大型的监测项目,水平位移基准点应采用带有强制归心装置的观测墩,垂直位移基准点宜采用双金属标或钢管标。

监测的工作基点应选在比较稳定且方便使用的位置。设立在大型外部作业影响区域内的水平位移监测工作基点,宜采用带有强制归心装置的观测墩,垂直位移监测工作基点可采用钢管标。

监测基准点、工作基点及变形监测点的设置不得影响市域铁路的正常运营。

8.3 监测频率

8.3.1 当监测数据接近市域铁路结构安全控制指标值的预警值或结构出现异常、外部作业有危险事故征兆等情况时,应加强对外部活动实施过程的监控,结合市域铁路结构保护需要,有针对性地采取措施,如实施实时监测、扩大监测范围、增加监测项目、加密监测点和提高监测频率等。

8.3.2 市域铁路结构的监测周期,即监测开始至监测结束,应从外部作业之前测定监测项目初始值开始,至外部作业完成或结束,且市域铁路结构的变形、位移等已稳定,结构的安全隐患、风险消除后方可结束监测。

8.4 监测预警

8.4.1 采用监测比值 G 反映外部作业施工过程结构的安全状

态,能够较为简便地掌握市域铁路结构的动态影响程度。根据 G 值大小划分预警等级,并提出相应等级的应对管理措施。

当外部作业对结构造成的安全影响较大时,如实测数据超过相应的结构安全控制指标值,应立即停止外部作业,及时开展现状调查、复测。结合监测数据,通过结构验算等手段,评估结构的当前安全状态,并提出相应的处理意见和建议。在通过后续评审后,方可继续进行外部作业。

8.4.2 变形监测不但要控制监测项目的累计变化值,还要注意控制其变化速率值。累计变化值反映的是监测对象当前的安全状态,而变化速率值反映的是监测对象安全变化的发展速度,过大的变化速率值往往是突发事故的先兆。采用日变形速率作为预报警值,可以反映相同时间间隔下,监测对象的变形、变化大小,判定监测对象的变化快慢,及时关注短时内发生较大变化的现象,从累计变化值和变化速率值两个方面评价监测对象的安全状态。

行业标准《城市轨道交通结构安全保护技术规范》CJJ/T 202—2013 第 7.4.2 条规定,当每天的变化速率值连续 3 天超过 2 mm 时,监测预警等级应评定为 C 级,对应其规范的监测比值为 $0.8<G<1.0$(对应本标准监测预警等级为 B 级)。